L'HOMME
AU MASQUE DE FER,

DRAME EN CINQ ACTES ET EN PROSE,

PAR

MM. ARNOULD ET N. FOURNIER;

Représenté pour la première fois, à Paris, sur le théâtre royal de l'Odéon, le 3 août 1831.

DISTRIBUTION DE LA PIÈCE :

PREMIER ACTE.

LOUIS XIII............	M. CHILLY.	BOUVARD, accoucheur de la reine.................	M. MÉNÉTRIER.
D'AUBIGNÉ, seigneur protestant................	M. LIGIER.	L'AUMÔNIER de la reine....	M. PAUL.
LE BARON D'OSTANGES....	M. ARSÈNE.	LE CHANCELIER.........	M. AUGUSTE.
LE PÈRE AUDOIN, de la compagnie de Jésus......	M. DOLIGNY.	NERLY, astrologue italien....	M. CH. HOSTER.
POMPIGNAN, } courtisans.	M. VALKIN.	UN OFFICIER du cardinal.....	M. SAINT-PAUL.
LAUNAY, } courtisans.	M. TOURNAN.	COURTISANS, GARDES, etc.	

DEUXIÈME ACTE.

D'AUBIGNÉ.............	M. LIGIER.	UN DOMESTIQUE.	
GASTON...............	M. LOCKROI.	MARIE D'OSTANGES....... {	Mlle JULIETTE.
LE PÈRE AUDOIN........	M. DOLIGNY.		Mlle NOBLET.
LE BARON D'OSTANGES.....	M. ARSÈNE.		

TROISIÈME ACTE.

D'AUBIGNÉ.............	M. LIGIER.	UN OFFICIER............	M. CH. HOSTER.
GASTON...............	M. LOCKROI.	MARIE D'OSTANGES....... {	Mlle JULIETTE.
SAINT-MARS............	M. DELAISTRE.		Mlle NOBLET.
POMPIGNAN............	M. VALKIN.	Mlle AUBRY............	Mlle DELATTRE.
LAUNAY...............	M. TOURNAN.	Mme LANDRY, cabaretière....	Mme DUCHEMIN.

QUATRIÈME ACTE.

D'AUBIGNÉ, sous le nom de MAURICE............	M. LIGIER.	LE BARON D'OSTANGES....	M. ARSÈNE.
GASTON, sous le nom de MARCHIALI............	M. LOCKROI.	LOUVOIS.............	M. PAUL.
		EVRARD, officier........	M. AUGUSTE.
SAINT-MARS, gouverneur des îles Sainte-Marguerite......	M. DELAISTRE.	TONY, jeune pêcheur.......	Mlle LAINÉ.
		MARIE D'OSTANGES....... {	Mlle JULIETTE.
			Mlle NOBLET.

CINQUIÈME ACTE.

D'AUBIGNÉ, sous le nom d'URBAIN............	M. LIGIER.	LE CHAPELAIN..........	M. CH. HOSTER.
GASTON, sous le nom de MARCHIALI............	M. LOCKROI.	EVRARD, officier des gardes de la Bastille.........	M. AUGUSTE.
SAINT-MARS, gouverneur de la Bastille............	M. DELAISTRE.	UN OFFICIER..........	M. SAINT-PAUL.
LE MÉDECIN...........	M. VALKIN.	MARIE, sœur de la Miséricorde {	Mlle JULIETTE.
			Mlle NOBLET.
		GARDES.	

ACTE PREMIER.

(1638.)

Une salle de Saint-Germain : au fond, une porte conduisant dans les autres salles du palais. A gauche, sur le dernier plan, porte d'un escalier dérobé ; à droite, sur le dernier plan, porte conduisant chez la reine ; à droite, sur le premier plan, un cabinet. Deux tables garnies.

SCÈNE I.

POMPIGNAN, tirant les cartes d'un côté du théâtre, LE BARON D'OSTANGES, LAUNAY, SEIGNEURS, LE PÈRE AUDOIN, assis devant une table, et seul de l'autre côté *.

POMPIGNAN.

Pique, trèfle, première coupe.

D'OSTANGES.

Dirait-on pas que ces cartes sont le miroir du diable ? Depuis que nous logeons à Saint-Germain et que tu fais le métier de sorcier, qu'as-tu découvert, mon cher Pompignan ?

POMPIGNAN.

La délivrance de la reine, aujourd'hui 16 septembre 1638.

D'OSTANGES.

Parbleu, Bouvard et la sage-femme ont pris le pas sur ta prophétie.

LE PÈRE AUDOIN, à part et composant.

O grand roi, soleil des monarques !

LAUNAY, à d'Ostanges.

Quel est ce moine ?

D'OSTANGES.

Le père Audoin, jésuite bel esprit, au service du cardinal de Richelieu ; le dieu Apollon lui souffle quelque poésie héroïque au sujet de la naissance...

LE PÈRE AUDOIN.

Mes gentilshommes, prévoyez-vous si le grand événement approche ?

POMPIGNAN.

Il ne peut tarder.

AUDOIN, à part.

Je n'aurai pas le temps d'achever mon prologue. (Haut.) Sera-ce dauphin ou fille de France ?

POMPIGNAN.

Que votre révérence veuille bien attendre la treizième coupe.

D'OSTANGES.

Ainsi vous avez foi dans la science de vos cartes ?

POMPIGNAN.

Et toi, baron, tu en doutes ? Le jeune d'Estaing n'avait-il pas prédit jour pour jour la naissance de ta fille, baptisée ce matin sous le nom de Marie d'Ostanges ? Saint-Luc et le

commandeur de Souvré n'avaient-ils pas prédit la grossesse de la reine après vingt-deux ans de mariage et de stérilité ?

LAUNAY.

Oh ! qu'il naisse un dauphin ; quelle bénédiction pour le royaume !

D'OSTANGES.

Pour le cardinal.

POMPIGNAN.

Pour les courtisans.

AUDOIN.

Et les poëtes.

O grand roi, soleil des monarques !

POMPIGNAN.

Les graces et pensions vont pleuvoir.

D'OSTANGES.

Oui, sur les cardinalistes, et les abbés qui regorgent de bénéfices, les vieux pécheurs ! et pour qui amassent-ils tant de trésors ? Un franc gentilhomme dirait : C'est pour mon fils ; écoutez les hypocrites, ils ont tous des neveux.

POMPIGNAN.

Savez-vous l'aubaine des moines de Saint-Germain ? Ils niaient effrontément la vertu des dames : qu'a-t-on fait ? au lieu d'un abbé, on leur a donné une abbesse.

TOUS.

Ah ! ah ! ah !

POMPIGNAN.

La veuve de Lorraine qui demandait pension... Des écus, répondit le cardinal, je n'en ai plus, mais des moines... en voilà.

D'OSTANGES.

Parbleu, le cadeau ne le ruinera pas ; c'est une graine qui repousse toujours.

AUDOIN, se levant.

Holà, mes gentilshommes ! vos propos sentent un peu le huguenot ; vous oubliez que son éminence s'est fait porter hier à Saint-Germain, et que les échos de cette salle peuvent répondre à son appartement.

D'OSTANGES.

Ah ! je sais que le cardinal a autant d'espions pour protéger son pouvoir, que de gardes pour défendre sa personne ; mais j'imagine, père Audoin, que vous n'êtes pas enrôlé dans la sainte milice...

AUDOIN.

A Dieu ne plaise ! pourtant si le service du roi l'exigeait... j'ai là-dessus des maximes...

* Les acteurs sont placés en tête de chaque scène comme ils doivent l'être au théâtre : le premier occupe la gauche du spectateur.

D'OSTANGES.

Il a des maximes sur tous les sujets. Au demeurant, ceux que vous appelez huguenots sont fidèles serviteurs du roi ; mais on leur dresse mille embûches pour les dégoûter de la cour... Vous savez ce qui est arrivé à d'Aubigné ?

LAUNAY.

Non ; c'est un digne gentilhomme.

D'OSTANGES.

La mémoire de son père a été insultée par un certain Montglas ; d'Aubigné, qui est un brave, messieurs, un raffiné d'honneur, comme vous et moi, n'a pu digérer l'affront, et il a donné un soufflet au Montglas.

POMPIGNAN.

Je l'approuve.

LAUNAY et LES AUTRES SEIGNEURS.

Et moi aussi.

D'OSTANGES.

Eh bien ! messieurs, le cardinal s'est déclaré le champion de l'offenseur, et il exige des satisfactions.

LAUNAY.

Chut ! voici du monde.

SCÈNE II.

POMPIGNAN, D'OSTANGES, LAUNAY, L'ASTROLOGUE, AUDOIN, un Officier.

POMPIGNAN.

Holà... eh ! l'ami... quelle espèce de monstre nous amènes-tu là ?... arrives-tu de la foire... vas-tu donner un divertissement à la reine ? est-ce le moment des mascarades ?

D'OSTANGES.

Cet homme est un digne astrologue, que sa Majesté a envoyé quérir pour l'horoscope de l'enfant qui va naître ; un vrai sorcier, j'en réponds, il sent le soufre d'une lieue ; je veux éprouver sa science... Allons, vieux possédé, peux-tu annoncer à la compagnie si le ciel nous enverra un dauphin ou une princesse ?

AUDOIN.

Quoi ! vous auriez la folie d'écouter...

D'OSTANGES.

Chut ! saint homme ; occupe-toi du ciel, et laisse-nous régler nos comptes avec le diable... Son représentant va parler.

L'ASTROLOGUE.

L'astre brillant se lèvera,
De qui l'éclat s'obscurcira
Quand son pareil apparaîtra.

LAUNAY.

Hein ?

POMPIGNAN.

Comprenez-vous ?

D'OSTANGES.

Eh ! messieurs, la prédiction est claire ; l'astre, c'est une belle princesse, dont l'éclat,

c'est-à-dire la gloire, se perdra dans celle d'un autre astre, c'est-à-dire de son mari.

POMPIGNAN.

Que voilà bien parler en ami de Monsieur !... L'astre, c'est un dauphin dont la gloire ne s'éclipsera que lorsqu'il trouvera son pareil, qu'il ne trouvera jamais... Voilà le sens de l'oracle.

LAUNAY.

Et moi je l'entends différemment : deux astres pareils signifient deux frères jumeaux.

POMPIGNAN.

J'ai perdu, messieurs ; mes cartes annoncent une princesse.

SCÈNE III.

POMPIGNAN, L'ASTROLOGUE, D'AUBIGNÉ, D'OSTANGES, LAUNAY, AUDOIN.

D'AUBIGNÉ.

Que le ciel vous entende, messieurs, et qu'il protège ce royaume !

D'OSTANGES.

D'Aubigné ! soyez le bienvenu : qu'y a-t-il de nouveau ?

D'AUBIGNÉ.

Il n'y a plus de paix ni de bonheur pour la France, tant que l'autorité du cardinal pèsera sur elle.

D'OSTANGES.

O ciel ! soyez prudent ; prenez garde à vos paroles.

D'AUBIGNÉ.

Le temps de la prudence est passé pour moi ; j'ai bravé en face Richelieu, refusant de me soumettre aux indignes satisfactions qu'il exigeait de moi ; j'ai déchiré sous ses yeux le papier qui les contenait ; il s'est tu ; sans doute il signe en silence l'ordre de mon exil. Eh bien ! moi, je l'attendrai en disant tout haut la vérité.

D'OSTANGES.

Qu'avez-vous fait !

D'AUBIGNÉ.

J'ai pris conseil de mon honneur ; je vous quitterai bientôt, mes amis ; peut-être nous reverrons-nous un jour. Si le roi n'a point d'héritier mâle, il laissera le trône à Monsieur ; ce prince est seul capable de ramener la paix et l'union dans le royaume : alors nous vivrons en hommes ; nous reprendrons les mœurs de nos ancêtres. Que faisons-nous ici, couchés autour des tables de jeu ou des quenouilles de nos femmes, tirant l'épée dans les cabarets, ou rampant comme des chiens dociles au pied du trône ? Nos pères habitaient des châteaux-forts ; chacun était seigneur dans son gouvernement et derrière ses créneaux. Aujourd'hui on démolit nos tours, on taxe nos villes... Montmorency a été décapité, Bouillon exilé,

Bassompierre enfermé à la Bastille ; ceux de de la religion sont inquiétés dans leur conscience ; et le peuple, le peuple est-il heureux, comme ils le prétendent, pour être soustrait à notre tutéle ? Non, les rentiers souffrent, les quartiers sont mal payés ; la nuit, il n'est bruit que de meurtres et voleries. Ah ! fuyons, mes amis, fuyons une ville où nous jouons le rôle de valets ; fuyons une cour qui veut nous corrompre pour nous désarmer, jusqu'au jour où nous confierons notre honneur à un roi qui n'aura pas de maître.

SCÈNE IV.

Les Mêmes, BOUVARD.

POMPIGNAN.

Silence ! au nom du ciel ! on sort de l'appartement de la reine. Eh bien ! Bouvard, quelle nouvelle ?

BOUVARD.

Grande et heureuse, mes gentilshommes. Dieu soit béni ! il nous est né un dauphin de France !

(Il sort.)

D'AUBIGNÉ.

Ciel !

BEAUCOUP DE VOIX.

Vive le roi ! vive le cardinal !

D'AUBIGNÉ.

Malédiction ! un prince !

LES SEIGNEURS.

Vive le cardinal !

SCÈNE V.

Les Mêmes, un Officier.

L'OFFICIER.

Messieurs, son éminence sera touchée de ces témoignages d'amour. Je viens vous annoncer de sa part qu'elle vous admettra au baise-main quand vous aurez présenté vos hommages à sa Majesté.

D'AUBIGNÉ, à part.

Voilà sa puissance devenue inébranlable *.

L'OFFICIER, au père Audoin.

Père Audoin, ceci est une comédie...

AUDOIN.

Héroïque : avec prologue et accessoires.

L'OFFICIER.

C'est le cardinal qui en est l'auteur.

AUDOIN.

Comment ?

L'OFFICIER.

Voici deux mille livres ; de plus, il vous promet l'éducation du prince.

AUDOIN.

Toute ma poésie est à son service.

* D'Aubigné , Pompignan , l'Astrologue , d'Ostanges , Launay, l'Officier, Audoin.

L'OFFICIER, annonçant.

Le roi !

SCÈNE VI.

D'AUBIGNÉ, POMPIGNAN, L'ASTROLOGUE, D'OSTANGES, LE CHANCELIER, LE ROI, LAUNAY, AUDOIN, Seigneurs et Dames de la cour.

LE ROI.

Messieurs, le ciel qui veille sur la France m'a donné un fils : le dauphin vient de naître. Ce sera , si Dieu lui prête vie, le roi Louis XIV. Des réjouissances publiques auront lieu dans tout le royaume, et j'ai ordonné que l'on présentât le jeune prince à toute ma cour et au peuple.

D'OSTANGES.

Que votre Majesté ait pour agréable de recevoir nos félicitations.

LE ROI.

La naissance d'un fils a déconcerté bien des méchants desseins... Je n'ignore pas que mes ennemis avaient répandu à l'avance des prophéties annonçant qu'il y aurait à l'accouchement de la reine grand trouble et bouleversement dans le royaume.

D'OSTANGES.

En revanche, sire, voilà un bon prophète.

L'ASTROLOGUE.

Sire, j'ai prédit l'astre levant.

LAUNAY.

Et même deux plutôt qu'un.

LE ROI.

Nerly, tu es un maître dans ta science. Entre dans ce cabinet , et tire l'horoscope de mon fils.

L'ASTROLOGUE.

Puisse-t-il être aussi glorieux que le roi son père !

LE ROI, à part.

Et sur-tout plus heureux !

(L'astrologue entre dans le cabinet à gauche de l'acteur.)

SCÈNE VII.

Les Mêmes, excepté L'ASTROLOGUE.

LE ROI.

Avez-vous quelques graces à demander, messieurs ? le moment est bon.

D'OSTANGES.

Sire , l'évêché de Rhodes est vacant, et mon frère...

LE ROI.

Baron d'Ostanges , les affaires de l'église regardent son éminence.

POMPIGNAN.

Le régiment de chevau-légers de la Reine a perdu son colonel , et...

LE ROI.

Le cardinal me l'a demandé pour le duc
son neveu.

AUDOIN.

Sire, l'éducation du dauphin...

LE ROI.

C'est un soin dont le cardinal se chargera.

D'AUBIGNÉ, à part.

Toujours le cardinal.

LE ROI.

Père Audoin, son éminence m'a fait dire
qu'elle avait composé pour ce glorieux jour
une pièce divertissante.

AUDOIN, avec un soupir.

Que j'ai écrite sous sa dictée... S'il vous
plaisait entendre le prologue ?

LE ROI.

Volontiers.

AUDOIN, à part.

Hélas ! perdre tout le mérite d'une si belle
chose !

LE ROI.

Écoutons les vers du premier poëte de notre
royaume. (Il s'assied.)

AUDOIN.

Grand roi, le soleil des monarques !
Tu ne saurais ouvrir les yeux
Sans voir les glorieuses marques
Des graces que te font les cieux.

POMPIGNAN.

Quel étonnant génie !

AUDOIN, à part.

Je m'en flatte.

D'OSTANGES.

On reconnait la touche de son éminence.

AUDOIN, à part.

C'est pourtant la mienne.

Ceux qui, devant Troie assiégée,
De pins firent un tel amas...

(Bouvard entre précipitamment et parle bas au roi.)

AUDOIN, continuant.

Qu'ils couvraient le port de Sigée
D'une forêt de mille mâts.

LE ROI, troublé, à Bouvard.

Que dites-vous ?

AUDOIN, croyant que le roi lui a parlé.

Qu'ils couvraient le port de Sigée
D'une forêt de mille mâts,

D'AUBIGNÉ, bas à d'Ostanges.

Le roi se trouble : il pâlit.

AUDOIN.

Ni ce jeune Mars de l'Asie,
Ni celui dont...

(Le roi se lève et sort précipitamment.)

SCÈNE VIII.

LES MÊMES, excepté LE ROI.

LE CHANCELIER, retenant Bouvard.

Qu'y a-t-il ?

POMPIGNAN.

La santé de la reine est-elle en péril ?

BOUVARD.

On n'a rien à craindre pour elle.

D'AUBIGNÉ.

C'est donc pour le dauphin ?

BOUVARD.

Non, messieurs ; ne m'interrogez pas, au
nom du ciel !

D'AUBIGNÉ, à part.

Quel étrange mystère ! tâchons de le pénétrer.

AUDOIN.

Est-ce que sa Majesté a cru que mon prologue était fini ?

(On entend des cris de vive le roi !)

LAUNAY.

D'où viennent ces acclamations ?

BOUVARD.

C'est le peuple saluant le dauphin Louis
qui vient de lui être présenté.

POMPIGNAN.

N'allons-nous pas lui faire notre cour ?

D'AUBIGNÉ.

Voici le roi !... quelle agitation !

SCÈNE IX.

LES MÊMES, LE ROI, L'AUMONIER.

LE ROI.

Sortez, messieurs, sortez ; chancelier, et
vous, Bouvard, restez : des gardes à cette porte.

(Tous sortent.)

SCÈNE X.

LE CHANCELIER, LE ROI, L'AUMONIER,
BOUVARD.

LE ROI.

Bouvard, dites à M. le chancelier ce qui
est arrivé.

BOUVARD.

M. l'aumônier et moi étions dans la chambre
de la reine, lorsque de nouvelles douleurs l'ont
prise, et sa Majesté vient de mettre au monde
un second dauphin.

LE CHANCELIER.

Ciel !

L'AUMONIER.

Il dit la vérité.

LE CHANCELIER.

La naissance du premier dauphin a été annoncée, sire ; que décidez-vous ? nous atten-
dons vos ordres.

LE ROI.

Que je suis malheureux ! et comme les bien-
faits du ciel se tournent pour moi en présents
funestes ! Le cardinal est malade, et n'a pu se
rendre ici... il faut le prévenir. (Il s'assied et écrit.)

Nul autre que vous, messieurs, n'est informé de cette seconde naissance ?

LE CHANCELIER.

Personne, à l'exception de la dame Peronne, sage-femme, et du sieur Honorat, le chirurgien.

LE ROI.

Quelqu'un !

UN GARDE.

Sire.

LE ROI.

Appelez le père Audoin... (Le garde sort.) C'est un homme qui a la confiance du cardinal, et qu'on peut charger de cette mission.

SCÈNE XI.

LES MÊMES, AUDOIN.

AUDOIN.

Sire, votre Majesté m'a fait l'honneur de...

LE ROI.

Prenez ce billet ; vous nous rapporterez la réponse du cardinal.

AUDOIN.

Sire, à l'instant même.

LE ROI.

Passez par cet escalier dérobé, pour éviter les regards et les questions : allez.

(Audoin sort.)

SCÈNE XII.

LE ROI, assis, LE CHANCELIER, L'AUMONIER, BOUVARD.

LE ROI.

Un de mes ordinaires. (Un garde entre.) Suivez cet homme. Un autre. (Un autre garde s'avance.) Qu'on ne laisse entrer personne dans la chambre de la reine, et que la sage-femme et le chirurgien n'en puissent sortir. (Le garde sort à droite.) Votre avis, messieurs ? (A l'aumônier.) Parlez.

L'AUMONIER.

Sire, je pense que la naissance du second dauphin doit être annoncée à la France.

LE CHANCELIER.

Je suis d'un avis contraire.

BOUVARD.

Et moi, je me range au sentiment de monsieur le chancelier.

LE ROI.

Vos raisons, messieurs ?

BOUVARD.

Sire, de deux frères jumeaux, le dernier venu au monde est l'aîné.

LE ROI.

Mais aux yeux de la loi ?

LE CHANCELIER.

Ses droits ne pourraient être contestés.

LE ROI.

C'est donc lui l'héritier de mon trône, et je n'ai présenté ce matin que le premier fils de France... mais si l'on s'aperçoit...

LE CHANCELIER.

Aussi je n'hésite pas à croire que l'un des deux doit rester inconnu.

LE ROI.

Et lequel ?

LE CHANCELIER.

Sire, le roi Louis XIV est votre successeur ; vous l'avez nommé.

L'AUMONIER.

Mais son frère doit partager la couronne ; ses droits, il les tient de Dieu... Les lois humaines peuvent-elles les lui ravir ?

LE CHANCELIER.

La loi salique est muette et n'a point prévu la naissance de deux fils jumeaux de roi... Sire, songez à l'avenir ; deux frères nés sur le trône ne partagent pas leurs droits ; ils se les disputent l'épée à la main : reconnaître deux dauphins, c'est vouer votre royaume à l'anarchie, à la guerre civile ; c'est livrer la France, épuisée de sang, à ses ennemis, et peut-être l'effacer du rang des nations... Choisissez, sire, entre un fils et vos peuples, qui vous appellent aussi leur père. Dieu ne vous a pas mis sur le trône pour vous soumettre aux mêmes lois que le reste des hommes... Ce qui serait crime chez un autre est un sacrifice que vous devez au repos de vos sujets.

L'AUMONIER.

Ah ! sire, pardon ; mais je ne puis entendre...

LE ROI.

Parlez ! parlez !

L'AUMONIER.

Sire, Dieu punit l'homicide... mais si les deux princes étaient en âge de régner... si vous veniez me dire au tribunal de la pénitence : Un de mes fils était un impie, un méchant, qui aurait fait le malheur de son peuple, et mon bras l'a frappé ; eh bien ! je le jure ici, je vous donnerais plutôt l'absolution pour un tel meurtre, que pour ce qu'on vous dit de faire : sire, ne croyez pas qu'un homme, fût-il roi, puisse se charger d'expliquer les desseins cachés de la Providence. On vous parle d'anarchie, de complots, de guerre civile ; mais en quelles mains remettez-vous le sort de la France ? Si celui que vous épargnez devait être un tyran, si celui que vous perdez devait être un grand roi !... si vous lancez sur le monde une race mauvaise, ou si vous étouffez dans son berceau la gloire de la monarchie... le savez-vous, sire ? Laissez faire à Dieu, qui a le secret de ce qui doit arriver.

Le Roi, l'Aumônier, le Chancelier, Bouvard

LE ROI.

Ah! vous m'épouvantez.

L'AUMÔNIER.

Tous deux sont votre sang... tous deux devaient réjouir vos entrailles de père.

LE ROI, se levant.

Mes fils!... hélas! je n'en ai qu'un... O mon peuple! exiges-tu ce sacrifice? Que le ciel me dicte mon devoir.

SCÈNE XIII.

LES MÊMES, AUDOIN.

AUDOIN.

Sire, voici la réponse de son éminence.

LE ROI.

Donnez.

AUDOIN.

Le cardinal m'a dit que votre Majesté m'instruirait de tout, et ne m'oublierait pas.

LE CHANCELIER.

Eh bien! sire?

LE ROI, à part.

Je n'attendais pas moins de cette âme de fer!... (Haut.) Ah! messieurs, le dernier valet de mon royaume est plus heureux que votre roi.

L'AUMÔNIER.

Eh quoi! sire, vous consentez?

LE ROI.

(A part.) On le veut... (Haut.) O Louis! si tu n'es pas le meilleur et le plus grand des rois... de quel fardeau chargeras-tu la conscience de ton père!

AUDOIN.

Sire, si c'est à moi que l'éducation du dauphin est confiée, je vous réponds...

LE ROI.

Monsieur le chancelier, avez-vous écrit le procès-verbal de cette seconde naissance?

AUDOIN.

Qu'entends-je!

LE ROI.

Le cardinal désire que ce secret vous soit révélé: vous allez l'apprendre... lisez.

AUDOIN, lisant.

Que vois-je! un second fils?

LE ROI.

Que son père doit déshériter... Ah! plaignez-moi, messieurs, et ne m'accusez pas... (A Audoin.) Vous partirez aujourd'hui même avec cet enfant, que vous élèverez dans l'ignorance de son rang... et dans la pratique de notre sainte religion catholique. Bouvard, dites à M. le chancelier si vous avez vu sur le corps du second dauphin des marques qui puissent le faire reconnaître.

LE CHANCELIER.

Sire, la lettre du cardinal fait-elle mention?...

LE ROI.

Écrivez, monsieur, je le veux... Je sacrifie mon fils à la raison d'état; mais j'entends que si son frère Louis vient à mourir, Gaston soit mis en sa place... Parlez, Bouvard.

BOUVARD.

Le prince a un signe à la main gauche, une petite tache jaunâtre au côté droit du cou: c'est là ce qui le distingue de son frère, la ressemblance entre eux étant parfaite.

LE ROI, au chancelier.

Rédigez la formule du serment. (A l'aumônier.) C'est vous qui préviendrez la reine, et qui remettrez cet enfant aux mains de la dame Peronne; je ne veux plus le voir.

LE CHANCELIER, lisant.

« Au nom de la très Sainte-Trinité; sous peine « de mort, sous peine des tourments de l'enfer, « je jure de ne jamais révéler ce secret d'état, « répondant en ce monde et dans l'autre des « maux qui pourraient en advenir. »

LE ROI.

Sur la croix de cette épée.

LE CHANCELIER.

Je le jure.

BOUVARD.

Je le jure.

L'AUMÔNIER.

Je le jure.

AUDOIN.

Je le jure.

LE ROI.

(Il fait signe à Audoin de le suivre, et s'approche de la table qui est devant le cabinet à droite; il écrit.)

Gaston et Providence... Vous ne répondrez qu'à ceux qui se présenteront en notre nom, avec cette devise... On vous remettra une cassette marquée de notre sceau royal pour y renfermer nos dépêches.

(Le roi signe, et les autres après lui. On entend le son des cloches.)

LE ROI.

C'est le *Te Deum* pour la naissance du dauphin Louis. Le son des cloches l'annonce au peuple.

L'AUMÔNIER.

Et le peuple dit que c'est la voix de Dieu!

LE ROI, se découvrant.

O mon fils, quand ces cloches, muettes pour ta naissance, sonneront l'heure de ta mort, que ton âme ne m'accuse pas, et ne crie pas vengeance contre ton père! — Messieurs, reprenons notre rôle de roi et de courtisans; allons prier, la paix sur le visage et le remords dans le cœur. (Vivement à Audoin.) Sur notre salut éternel, mon père, faites de mon fils un honnête homme. Qu'on ouvre!

SCÈNE XIV.

LES MÊMES, LES COURTISANS.

LE ROI.

Messieurs, le sort et l'avenir des peuples sont enfermés dans le berceau des rois... leur éducation doit éveiller toute notre sollicitude; l'abbé de Beaumont est nommé gouverneur du dauphin Louis.

AUDOIN, à part.

Sa charge sera plus agréable que la mienne.

LE ROI.

Obtenez par vos prières que le ciel vous donne un grand prince.

D'OSTANGES.

Qu'il soit digne de son père!

LE ROI.

Brave comme son aïeul Henri, et comme lui, ménager du sang de ses sujets!... Suivez-moi, messieurs.

(Les courtisans suivent le roi.)

D'OSTANGES, à d'Aubigné.

Eh bien! d'Aubigné, tu ne viens pas?

POMPIGNAN.

Y penses-tu? un profane; son grand-père était huguenot, son père était huguenot; et lui...

D'AUBIGNÉ.

Mon père, messieurs, était un compagnon d'armes du grand Henri; il l'a imité dans sa gloire, et non dans son abjuration.

POMPIGNAN.

Adieu donc; va-t'en consoler Monsieur...

SCÈNE XV.

D'AUBIGNÉ, seul.

Il se passe à la cour quelque étrange événement; le roi a tenu conseil secret dans cette salle... J'ai cru distinguer des éclats de colère ou des cris de désespoir... quelle agitation soudaine a succédé aux transports de joie, et quel mystère de sombre augure environne le berceau de l'héritier du trône?... Oh! qui me donnera le premier fil des trames secrètes de ce palais?... précieuse découverte pour ma haine et pour la cause de notre religion!

SCÈNE XVI.

D'AUBIGNÉ, L'ASTROLOGUE.

L'ASTROLOGUE, dans le cabinet,

M. d'Aubigné! M. d'Aubigné!

D'AUBIGNÉ.

Qui m'appelle?

L'ASTROLOGUE.

C'est moi.

D'AUBIGNÉ.

Quelqu'un était là!...

L'ASTROLOGUE, sortant.

Vous êtes seul. Ah! monsieur d'Aubigné, ne me perdez pas... Malheureux! ils m'ont oublié dans ce cabinet...

D'AUBIGNÉ.

Comme tu es pâle et défait! Dans ce cabinet, dis-tu, pendant que le roi tenait conseil?...

L'ASTROLOGUE.

Plût au ciel que je n'y fusse jamais entré... s'ils se le rappelaient, ô Dieu!... J'ai été forcé d'écouter de terribles choses.

D'AUBIGNÉ.

Viens, tu me les prédiras.

L'ASTROLOGUE.

Ah! de grace, sauvez-moi; ils me tueront, monsieur, ils me tueront.

D'AUBIGNÉ.

Viens chez moi, je te déroberai à leurs recherches, tu me révéleras tout; ton salut est à ce prix...

L'ASTROLOGUE.

O Dieu!... prends pitié de ton serviteur!...

D'AUBIGNÉ.

O faible Louis! orgueilleux cardinal, vos secrets sont à moi.

L'ASTROLOGUE.

Quelqu'un s'approche.

D'AUBIGNÉ.

Viens vite.

(Ils sortent par l'escalier dérobé: le chancelier arrive par le fond avec des gardes.)

SCÈNE XVII.

LE CHANCELIER, GARDES.

LE CHANCELIER.

Dans ce cabinet...

UN GARDE.

Il n'y est plus.

LE CHANCELIER.

O ciel! fatal oubli! mille écus d'or pour la tête de cet homme.

ACTE SECOND.
(1657.)

Une campagne auprès de Semur; à droite de l'acteur, la maison du père Audoin: à gauche celle du baron d'Ostanges.

SCÈNE I.
D'AUBIGNÉ, arrivant.

Près des bords de l'Yonne... voilà bien la maison que j'avais remarquée; c'est donc là qu'il vit dans l'ignorance de son sort... Mon entreprise réussira-t-elle?... aurai-je vainement affronté les périls qui menacent un proscrit? déciderai-je ce jeune homme à me suivre?... Que j'ai long-temps attendu cette occasion!... Un courrier mécontent, des menaces et de l'or m'ont livré ses dépêches... Quelqu'un! retirons-nous à l'écart.

SCÈNE II.
AUDOIN, sortant de chez lui, **D'AUBIGNÉ**, au fond.

AUDOIN.

Debout, avant le jour! la surveillance devient fatigante... Où peut-il être allé?... moi qui voulais lui donner ce matin une leçon de botanique... Quel est cet étranger?

D'AUBIGNÉ, s'avançant.

Je parle sans doute au père Audoin, de la compagnie de Jésus?

AUDOIN.

Votre serviteur.

D'AUBIGNÉ.

Je suis un homme de la cour, personnellement attaché au cardinal Mazarin, comme vous l'étiez il y a dix-huit ans au cardinal Richelieu.

AUDOIN.

Vos traits ne me sont pas tout-à-fait inconnus... Cependant...

D'AUBIGNÉ.

Je voyage sous le nom du marquis de Saint-Luc... afin de prendre des renseignements sur l'enfant qui vous fut confié.

AUDOIN, reculant.

Plait-il? à moi?

D'AUBIGNÉ.

Ne vous troublez pas; je vous répète que je suis au cardinal.

AUDOIN.

Qui m'en assure?

D'AUBIGNÉ, bas.

Gaston et Providence! Cette devise vous est connue... J'avais seul deviné le sens des prédictions d'un astrologue qui disparut le lendemain de votre départ... J'ai vu les fêtes qui accueillirent la naissance de Louis XIV, et la consternation qui suivit une autre naissance...

AUDOIN.

N'avez-vous pas d'autre preuve de la confiance de la cour?

D'AUBIGNÉ, présentant les dépêches.

Ces dépêches.

AUDOIN, les prenant.

Le sceau royal!... Oui... c'est la réponse que j'attendais... Pardon, mais je ne saurais m'environner de trop de précautions... Quant à cette lettre, je la lirai seul... mon jeune élève n'a jamais aperçu aucun de ces précieux papiers, ni la cassette qui les renferme. Vous venez de Paris? Suis-je donc entièrement oublié de la reine-mère? et la magnifique pension que le cardinal m'a promise...

D'AUBIGNÉ.

Dépend peut-être de la manière dont vous avez rempli les intentions de la cour.

AUDOIN.

J'ose dire qu'elle sera satisfaite; j'ai élevé le jeune homme dans une complète ignorance... Se croyant le fils d'un prétendu baron d'Orville, qui le tient éloigné de sa personne, il vit sans aucune idée du monde, ni des lois, ni des arts, ni des sciences... Ce n'est pas de moi qu'il aurait appris la moindre chose... Quand on m'a chargé de son éducation, on savait bien à qui l'on s'adressait.

D'AUBIGNÉ.

Vous avez pu le priver de toute instruction?

AUDOIN.

Et ce n'est pas sans peine... Il me questionnait particulièrement sur l'histoire de ce royaume; mais je lui ai si bien brouillé les idées, qu'il n'est pas en état de distinguer la première race de la troisième.

D'AUBIGNÉ, à part.

Malheureux!

AUDOIN.

Ce n'est pas tout... On m'avait recommandé de l'élever dans la religion catholique... J'ai fait mieux, je l'ai préparé dès l'enfance à ajouter foi aux pratiques superstitieuses, aux légendes... et quelque peu à l'astrologie... croyance salutaire; j'ai là-dessus des maximes.

D'AUBIGNÉ.

Vous avez fait là, monsieur, un beau chef-d'œuvre d'éducation.

AUDOIN, se découvrant.

La compagnie de Jésus n'en fait jamais

d'autre... Sans compter que je l'occupe adroitement; la botanique, distraction innocente... des exercices de dévotion, la chasse et un peu de musique, voilà sa vie; le recueil de nos maximes, voilà sa lecture.

D'AUBIGNÉ, à part.

Sot et vil courtisan !

AUDOIN.

Vous paraissez satisfait... Aussi je me flatte que vous appuierez mon placet pour cette magnifique pension.

D'AUBIGNÉ.

Oui, monsieur, oui. (A part.) A quel prix ces malheureux-là vendent une ame royale !

AUDOIN.

Tout ce que je crains, c'est que mon élève ne trouve ici un autre précepteur dont les leçons lui plaisent mieux que les miennes.

D'AUBIGNÉ.

Comment ?

AUDOIN.

Nous vivions dans une retraite absolue, lorsqu'il y a deux ans le baron d'Ostanges vint s'établir à Semur, tout près de nous.

D'AUBIGNÉ.

Il est en disgrace.

AUDOIN.

Depuis les troubles de la Fronde. Sa fille Marie est charmante... et Gaston...

D'AUBIGNÉ.

Eh bien ?

AUDOIN.

Il veut l'épouser.

D'AUBIGNÉ.

O ciel ! mais songez-vous que ce mariage est impossible?

AUDOIN.

J'avais écrit à la cour à ce sujet, voilà sans doute la réponse.

D'AUBIGNÉ.

Et cependant il continuait à la voir... à l'aimer.

AUDOIN.

Qu'importe, s'il ne se marie pas... C'est encore une manière de l'occuper... j'ai là-dessus des maximes... Mais j'aperçois Gaston... comme il paraît agité!

D'AUBIGNÉ, à part.

C'est lui, la ressemblance est frappante.

SCÈNE III.

GASTON, AUDOIN, D'AUBIGNÉ.

GASTON.

Aussi lâches que méchants !

AUDOIN.

Il se sera pris de querelle avec quelques gardes des forêts royales, il n'en fait jamais d'autre.

GASTON.

Je viens de voir, et j'en frémis encore, le trait le plus barbare... Par ordre du gouverneur de cette province, de M. de Saint-Mars, ils arrêtaient un laboureur du voisinage, ils voulaient l'envoyer de force aux colonies, de force, oui, monsieur.

AUDOIN.

Eh bien! c'est la coutume du pays; laissez faire.

GASTON.

Je me suis présenté... j'ai menacé... les deux gardes se sont enfuis et j'ai mis leur prisonnier en liberté... que Dieu le conduise !

AUDOIN, à d'Aubigné.

Quand je vous disais qu'il n'entend rien aux usages d'une société policée... Je vous laisse pour ouvrir mes dépêches... Retenez ici ce jeune homme; sur-tout de la prudence... vous connaissez les périls d'une indiscrétion...

D'AUBIGNÉ.

Croyez que je tiens à la vie; ma tâche ici-bas n'est pas terminée, et, s'il plaît à Dieu, bientôt elle le sera.

AUDOIN.

Comme la mienne... Ainsi soit-il.

(Il sort.)

SCÈNE IV.

D'AUBIGNÉ, GASTON.

D'AUBIGNÉ, à part.

Brave et généreux, le voilà tel que je le souhaitais... (Haut.) Cette action vous honore, jeune homme.

GASTON.

Que vois-je? N'est-ce pas vous, monsieur, que depuis quelque temps je trouve par-tout sur mon passage? vous sembliez m'examiner avec attention et vouloir m'aborder... que desirez-vous? parlez.

D'AUBIGNÉ.

Je suis un gentilhomme persécuté, proscrit ; avant de quitter la France, j'errais dans ces belles campagnes qui m'ont vu naître, et je voulais demander asile pour quelques jours au baron d'Ostanges.

GASTON.

Ah! vous l'obtiendrez sans peine... Sa fille, si bonne, si douce, s'empressera de vous offrir l'hospitalité.

D'AUBIGNÉ.

En vous voyant, je me suis senti saisi d'un vif intérêt, comme si une sympathie secrète me révélait un ennemi de l'injustice.

GASTON.

Je la combats par-tout où je la trouve.

D'AUBIGNÉ.

Et elle couvre tout le royaume sous l'absolu pouvoir d'un ministre détesté.

GASTON.

Que dites-vous ? ces abus, le cardinal les ignore.

D'AUBIGNÉ.

Il les commande.

GASTON.

Et le roi?

D'AUBIGNÉ.

Il les souffre.

GASTON.

Ah! monsieur, si j'étais roi, j'écouterais toutes les plaintes, je redresserais tous les torts: sécher les pleurs, faire bénir son nom, soutenir la gloire de son peuple, mais c'est le droit d'un roi, mais c'est son bonheur, mais c'est son devoir.

D'AUBIGNÉ.

Ainsi parlait le grand Henri.

GASTON.

Henri? celui qui abjura sa religion?

D'AUBIGNÉ.

Voilà tout ce que vous savez de lui! Ce fut le roi, le père de tous les Français, catholiques ou protestants.

GASTON.

Les protestants! ces hérétiques, éternels ennemis de la paix du royaume!

D'AUBIGNÉ.

Bons Français, hommes de cœur, sincères dans leur foi, rigides dans leurs mœurs... Ah! comme on vous a trompé!

GASTON.

Hélas! cela se peut... Je suis ignorant... jamais on ne m'a parlé de l'histoire de mon pays, et c'est par hasard que je sais le nom du dernier roi.

D'AUBIGNÉ.

De Louis XIII?

GASTON.

J'avais dix ans, lorsqu'un jour, un superbe carrosse s'arrêta devant cette porte; une dame en descendit, encore jeune et belle, qui vint à moi, et m'embrassa tendrement en me couvrant de pleurs et de caresses.

D'AUBIGNÉ, à part.

Anne d'Autriche!

GASTON.

Elle prononça le nom de Louis XIII, et je ne sais comment ce nom s'est gravé dans ma mémoire.

D'AUBIGNÉ.

Ce fut la bienfaitrice de ce pays... peut-être une amie de votre mère...

GASTON.

Je n'ai jamais connu ma mère... Je n'ai point de famille ni d'amis... Dieu sait combien j'aurais désiré un ami de mon âge... un frère... par quelle raison, que je ne puis comprendre, mon père m'a-t-il fait élever loin de ses yeux?... à ses côtés, peut-être j'acquerrais quelque gloire.

D'AUBIGNÉ.

Quoi! de nobles pensées auraient rempli votre solitude?

GASTON.

Mille fois je me suis senti des mouvements d'orgueil, et j'ai rêvé de combats et de victoires; je pleurais en pensant que j'étais obscur, je pleurais en lisant à la dérobée les relations des campagnes du prince de Condé, et les premiers faits d'armes de Louis... J'ai dix-neuf ans, monsieur, et personne ne sait mon nom... Puis, je dévorais mes larmes et je riais amèrement, car je me trouvais insensé.

D'AUBIGNÉ.

Ah! vous ne l'étiez pas. (A part.) Dieu soit loué! le sang n'est pas gâté par la corruption de ce moine.

GASTON.

Puis, ces chimères disparaissaient devant l'image de Marie d'Ostanges.

D'AUBIGNÉ.

Vous l'aimez comme on aime à votre âge; passion légère, ivresse du moment! Marie est la seule beauté que vous ayez pu voir; mais si vous la quittiez?...

GASTON.

La quitter!... jamais!...

D'AUBIGNÉ, à part.

Il n'y a plus que cette femme entre lui et moi.

GASTON.

Je l'aperçois.

D'AUBIGNÉ, à part

Comme elle est belle!

SCÈNE V.

D'AUBIGNÉ, GASTON, MARIE.

MARIE.

Monsieur Gaston... (Apercevant d'Aubigné.) Ah! pardonnez..

GASTON.

Mademoiselle, c'est un gentilhomme malheureux, qui désire être admis auprès de M. d'Ostanges.

MARIE.

Malheureux, dites-vous? (A d'Aubigné.) Veuillez me suivre.

D'AUBIGNÉ.

Mille grâces, mademoiselle; un de vos gens suffira... Je suis connu de votre père, et un entretien particulier me serait nécessaire.
(Un domestique entre, Marie lui fait signe d'introduire d'Aubigné.)

D'AUBIGNÉ, à part.

Jouissez encore de cet instant de bonheur!... pauvres jeunes gens, ce sera peut-être le dernier! (Haut.) Adieu, monsieur Gaston, nous nous reverrons.

(Il entre.)

SCÈNE VI.
GASTON, MARIE.

GASTON.

Ah! ma chère Marie, ce matin même j'ai écrit à ton père, pour lui demander ta main... Que m'annonce cette tristesse? et qu'a-t-il répondu?

MARIE.

Il a gardé le silence; mais s'il résistait?

GASTON.

N'es-tu pas à moi? rien sur la terre ne peut briser un lien formé en présence des cieux; s'il résistait, dis-tu? alors, je révélerais le secret de notre union... tu permettrais?...

MARIE.

Tout pour rester à toi... Mais il est temps de t'instruire de la vérité... Ne frémis pas ainsi, mon ami; un seigneur qui me vit il y a deux ans à Paris, qui me trouva belle et qui se crut encouragé dans ses vœux... Ah! pardonne, savais-je alors ce que c'étaient que ses vœux... Le marquis de Senecey sollicite le rappel de mon père, et, s'il réussit, je crains...

GASTON.

Un marquis, un grand seigneur qui trafiquerait de ses services!... et ton père...

MARIE.

Mon père est vain de sa famille et de ses ancêtres; mon frère doit épouser quelque fille noble, et moi je suis née, ils me l'ont dit souvent, ils en font gloire... je suis née à Saint-Germain, au milieu des fêtes qui célébraient la naissance de Louis; enfin je suis filleule de la reine-mère.

GASTON.

Courage... rappelle tous les titres qui t'éloignent de moi... ah! qu'il vienne ce courtisan t'arracher de mes bras... qu'il vienne essayer son blason contre mon épée.

MARIE.

Gaston, ne t'ai-je pas voué toute mon existence?

GASTON.

Ah! c'est vrai... pardonne-moi; que veux-tu? J'ai si peu de foi dans l'avenir... des pressentiments, des songes! ah! ne ris pas comme tu le fais toujours quand je te parle de choses surnaturelles... il y a dans ma destinée je ne sais quoi de mystérieux, de bizarre... il me semble que mon existence doit se briser toujours contre un écueil insurmontable. Enfin, dans l'âge de la confiance je me sens découragé.

MARIE.

Il me reste un espoir... si ton père se présentait lui-même pour demander ma main...

GASTON.

Oui, c'est cela... il le faut; dès aujourd'hui je veux l'aller trouver... Audoin a trop longtemps gardé le silence : qu'il parle, qu'il s'explique...

SCÈNE VII.
AUDOIN, GASTON, MARIE.

AUDOIN, à part.

Voilà des instructions embarrassantes.

GASTON.

Ah! venez, monsieur, venez... vous avez élevé mon enfance, vous m'avez entouré de soins paternels et je vous en remercie; mais il vous reste une preuve d'attachement à me donner, une confidence sérieuse à me faire, d'où dépend le bonheur de ma vie... plus de mystère, je vous en conjure; où est mon père?

AUDOIN.

Votre père! (A part.) Ah mon Dieu! quelle idée lui prend-il donc?

GASTON.

Je veux obtenir son consentement. Voilà celle que j'ai choisie pour compagne de mon existence... s'il résistait à mes prières, j'aurais le droit de lui dire : Vous n'avez pas rempli tous vos devoirs envers moi, l'instant est venu de tout réparer... Parlez, Audoin, où dois-je chercher le baron d'Orville?

AUDOIN.

Je suppose qu'il vous serait difficile de le rencontrer. (A part.) Je ne sais que lui dire.

MARIE.

Il hésite.

GASTON.

Qui vous retient?

AUDOIN, à part.

Si je sais comment m'y prendre!... Ah! l'on vient à mon secours.

SCÈNE VIII.
D'AUBIGNÉ, AUDOIN, GASTON, D'OS-TANGES, MARIE.

D'OSTANGES, une lettre ouverte à la main.

Ma fille, rentrez.

MARIE, à part.

Quel air sévère! (Haut.) Messieurs... je vous salue.

GASTON.

Mademoiselle...

MARIE, à part.

Le cœur me bat.   (Elle sort.)

SCÈNE IX.
D'AUBIGNÉ, AUDOIN, GASTON, D'OSTANGES.

D'AUBIGNÉ, bas à Audoin.

Que vous prescrivent vos dépêches?

AUDOIN, bas à d'Aubigné.

D'empêcher le mariage à tout prix.

D'AUBIGNÉ, bas à Audoin.

J'en étais sûr.

AUDOIN, bas à d'Aubigné.

Que faire?

D'AUBIGNÉ, bas à Audoin.

Laissez parler le baron.

GASTON, à part.

Je respire à peine.

D'OSTANGES.

Monsieur Gaston, je vous estime et je vous ai toujours accueilli avec faveur... c'est là sans doute ce qui vous enhardit à lever les yeux sur ma fille.

GASTON.

Il est vrai, je l'aime.

D'OSTANGES.

Savez-vous quelle est mademoiselle d'Ostanges?

GASTON.

Belle et accomplie.

D'OSTANGES.

Elle compte douze générations d'aïeux illustres, et notre maison a toujours brillé de l'éclat le plus pur... Expliquons-nous franchement, jeune homme; vous aspirez à la main de ma fille et vous en paraissez digne.

AUDOIN, à d'Aubigné.

Comment, comment?

D'AUBIGNÉ, à Audoin.

Chut! attendez.

D'OSTANGES.

Je reçois à l'instant même une lettre de la cour... ma grace a été accordée aux instances du marquis de Senecey qui sollicite mon alliance.

GASTON.

O ciel!

D'OSTANGES.

Connaissez-moi cependant... le bonheur de ma fille et l'honneur de ma maison, voilà mes pensées les plus chères... Je puis renoncer encore une fois aux faveurs de la cour, à l'amitié des grands; je puis vous nommer mon gendre.

GASTON.

Ah quelle joie! Marie serait à moi! ô monsieur! vous êtes vraiment généreux, vraiment noble... Vous trouverez en moi toute la tendresse d'un fils.

AUDOIN, à d'Aubigné.

Ah çà, mais...

D'AUBIGNÉ, bas à Audoin.

Patience!

D'OSTANGES.

Vous êtes fils du baron d'Orville?

GASTON.

Oui, monsieur.

D'OSTANGES.

Ce nom m'est inconnu... Le baron est-il à la cour?...

GASTON.

Hélas! je ne l'ai jamais vu. Le père Audoin peut seul vous répondre... Parlez, Audoin.

D'AUBIGNÉ, bas à Audoin.

A votre tour.

AUDOIN.

Le baron n'est pas à la cour.

D'OSTANGES.

Où donc est-il?

AUDOIN.

Je l'ignore... (A d'Aubigné.) Je ne mens pas.

D'OSTANGES.

Ses aïeux?...

AUDOIN.

On ne les connaît pas.

GASTON.

O ciel! que dites-vous?

D'OSTANGES.

Jamais le baron n'a vu son fils? mais la mère de ce jeune homme...

AUDOIN, regardant d'Aubigné.

Sa mère?

GASTON.

Eh bien! ma mère...

AUDOIN.

N'était pas l'épouse du baron.

GASTON.

Qu'entends-je?

AUDOIN, bas à d'Aubigné.

Je ne mens pas.

D'OSTANGES.

Fils naturel!

GASTON.

Moi!

D'OSTANGES.

Il suffit. Dès ce moment, monsieur, il n'est plus rien de commun entre vous et moi.

GASTON.

Moi, illégitime! moi sans nom, sans naissance! Cela ne se peut pas; (à Audoin) rétractez vos paroles, monsieur. Quoi! c'est là ma destinée, et je l'apprends aujourd'hui pour la première fois... Ah! s'il est vrai, combien vous êtes coupable! cet amour, vous l'avez vu naître et vous ne m'avez pas arrêté; mais savez-vous que maintenant il fait partie de mon existence, que je ne puis plus l'arracher de mon sein? (Se tournant vers le baron.) Oui, monsieur, il est trop tard pour renoncer à Marie.

D'OSTANGES.

Et cependant j'espère que vous oublierez jusqu'à son nom, car voici notre dernière entrevue.

GASTON.

Ah! ne me quittez pas ainsi... par pitié, quelques mots encore... il faut que je vous parle sans témoin.

D'OSTANGES.

Monsieur...

GASTON.

Au nom de l'honneur, je l'exige.

AUDOIN.

Modérez votre violence, jeune homme.

GASTON.

Silence, Audoin; vous répondrez devant
Dieu de toutes les suites de cette affaire.

D'OSTANGES, à Audoin et à d'Aubigné.

Veuillez vous éloigner.

D'AUBIGNÉ, à part.

Maintenant il est à moi.

SCÈNE X.

GASTON, D'OSTANGES.

D'OSTANGES.

Que me voulez-vous encore? vous avez entendu ma réponse.

GASTON.

J'ose en espérer une autre. Je suis obscur,
je n'ai pas de nom, pas de titres, mais l'avenir
peut m'en donner... Je m'éloignerai de vous,
de Marie, et ne reviendrai que lorsque je serai
digne de votre alliance.

D'OSTANGES.

Pourrez-vous jamais l'être?

GASTON.

Le tort de ma naissance n'est pas le mien.

D'OSTANGES.

Jamais cette tache ne souillera l'honneur de
ma maison.

GASTON.

Répétez encore ces paroles, monsieur, pour
qu'il ne me reste aucun espoir, et que je puisse
vous parler comme je le dois... Jamais je
n'épouserai votre fille?

D'OSTANGES.

Jamais. Cette demande est un affront.

GASTON.

Parcequ'elle est d'un sang noble et que
moi... je suis un bâtard!

D'OSTANGES.

Vous l'avez dit.

GASTON.

Et que vous êtes jaloux de l'honneur de
votre maison...

D'OSTANGES.

Je l'ai reçu intact et le rendrai de même.

GASTON.

Voyons comment les nobles entendent l'honneur de leur maison... Savez-vous que votre fille
m'aime et qu'il ne vous reste que deux partis à
prendre, ou de me donner votre fille ou de
frapper son séducteur?

D'OSTANGES.

Malheureux, qu'oses-tu dire?

GASTON.

Elle est à moi, rien ne peut nous séparer
que la mort...

D'OSTANGES.

O ciel!

GASTON.

Ce bâtard s'est fait aimer... Pour lui seul
votre fille sera pure et vertueuse; avec lui seul
l'honneur de votre maison, le véritable honneur reste intact... sans lui, tout est déshonoré,
flétri!...

D'OSTANGES.

Ah! tu mens!

GASTON.

Je vous ai laissé maître de ma vie... prenez-
la et ne m'outragez pas. Je ne suis pas noble,
moi, mais je ne saurais pas supporter trop d'affront... Vous feignez de ne pas me croire, mais
j'ai dit la vérité.

D'OSTANGES.

Marie... non... c'est impossible... Quelqu'un!... (Un domestique.) Qu'on appelle ma
fille... elle viendra... infâme calomniateur...
elle viendra!...

GASTON.

Qu'elle vienne!

D'OSTANGES.

Baisse les yeux, et tombe à genoux... La voici.

SCÈNE XI.

GASTON, D'OSTANGES, MARIE.

D'OSTANGES.

Marie, ma fille bien-aimée... mon espérance,
ma gloire... viens convaincre cet homme de
mensonge... Est-il vrai... pardonne, si je t'hu-
milie à ce point... est-il vrai qu'un indigne
amour... est-il vrai que tu sois coupable?

MARIE.

Mon père!

GASTON.

Eh bien! monsieur, ai-je menti?

MARIE.

Grace! pitié! mon père, Gaston est le maître
de ma vie.

D'OSTANGES.

Indigne enfant, ne prononce plus ce nom!...
ou ma fureur...

GASTON.

Ah! tournez-la contre moi... je veux mourir.

D'OSTANGES.

Pas de ma main.

SCÈNE XII.

LES MÊMES, UN DOMESTIQUE.

LE DOMESTIQUE.

Monsieur le baron, une voiture vient d'entrer dans la cour... c'est celle du marquis de
Senecey.

(Il se retire au fond.)

MARIE.

Ciel! ah! mon père...

(Elle tombe à genoux.)

D'OSTANGES, la relevant.

Préparez-vous à partir pour Paris. (Au domestique, en montrant Gaston.) Si cet homme se présente, qu'on le chasse.

(Il sort.)

SCÈNE XIII.

GASTON, LE DOMESTIQUE.

GASTON.

Vous avez parlé du marquis de Senccey : est-il jeune ?

LE DOMESTIQUE.

Non.

(Il sort.)

GASTON.

Un vieillard !... ah ! ne trouverai-je personne qui puisse laver de son sang cet odieux nom de bâtard ?

SCÈNE XIV.

D'AUBIGNÉ, GASTON.

D'AUBIGNÉ, à part.

Le moment est bon. (Haut.) Eh bien ! vous avez parlé au baron ?... inflexible, n'est-il pas vrai ? Je partage votre douleur et votre indignation... Comme vous, je déteste ces nobles, si chatouilleux sur le faux honneur, si insensibles à l'honneur véritable.

GASTON.

Il emmène sa fille !... il lui donne un époux... je l'ai laissé partir... Les défier !... ils sont vieux tous deux... je les assassinerais.

D'AUBIGNÉ.

Écoutez-moi.

GASTON.

Ah ! je m'en souviens... Marie a un frère ; il peut tenir une épée, lui ; il répondra pour les deux vieillards.

D'AUBIGNÉ.

Il ne se battra pas avec vous.

GASTON.

Je l'appellerai lâche.

D'AUBIGNÉ.

Il vous appellera bâtard et ne se battra pas.

GASTON.

Ah !

D'AUBIGNÉ.

Pourtant si vous voulez partir ?

GASTON.

Tout de suite !

D'AUBIGNÉ.

Mais comment ? de l'argent, des chevaux, tout vous manque.

GASTON.

Eh bien ! je trouverai quelqu'un qui prendra pitié de moi... celui-là sera mon premier ami.

D'AUBIGNÉ.

Les chevaux vous attendent... de l'argent, en voilà.

GASTON.

Je m'abandonne à vous !

D'AUBIGNÉ, à part.

Dieu soit loué ! la cause du parti est gagnée.

GASTON.

Fuyons... Audoin !

SCÈNE XV.

AUDOIN, D'AUBIGNÉ, GASTON.

D'AUBIGNÉ.

J'emmène ce jeune homme dans les environs... il faut calmer son agitation... Je vous le ramènerai plus tranquille.

AUDOIN.

Pauvre Gaston !

D'AUBIGNÉ.

Il vous pardonne...

GASTON.

Oui. (A part.) Car je ne dois plus le revoir.

AUDOIN, à d'Aubigné.

Veillez bien sur lui.

D'AUBIGNÉ.

Je ne le quitterai plus.

GASTON.

Ah ! Marie, Marie !

(Ils sortent.)

AUDOIN, seul.

Allons achever mon placet pour le cardinal.

ACTE TROISIÈME.

(1659.)

Une salle de cabaret ; porte au fond.

SCÈNE I.

Mᵐᵉ LANDRY, GARÇONS, rangeant les tables.

MADAME LANDRY.

Allons, vous autres, dépêchez-vous... il est sept heures et demie, et la réunion est pour huit heures. (A un garçon.) Combien de bouteilles ?

UN GARÇON.

Cinquante ; les voici.

MADAME LANDRY.

A leur santé... et remettez celle-là avec les

autres... Les ivrognes voient double... ils boivent... ils paieront, comme dit monseigneur le cardinal, il n'y a rien à rabattre avec eux; soyez polis cependant, car ce cabaret est le rendez-vous des gens les plus distingués de la ville et quelquefois de la cour.

SCÈNE II.

Mme LANDRY, D'AUBIGNÉ, Garçons.

D'AUBIGNÉ.

Personne encore?

MADAME LANDRY.

Personne.

D'AUBIGNÉ.

Pas même mon neveu?

MADAME LANDRY.

Vous n'avez pas vu le neveu de M. d'Aubigné?

UN GARÇON.

Non.

MADAME LANDRY.

De quel pays avez-vous donc ramené ce beau garçon-là? Avec une figure comme la sienne, votre neveu ne manquera pas de protectrices; vous n'êtes à Paris que depuis quelques jours, et, entre nous, je crois bien qu'il a mis le temps à profit.

D'AUBIGNÉ.

Plaît-il? (A part.) Je crains toujours quelque imprudence.

MADAME LANDRY.

La dernière fois que vous êtes venu ici avec les gentilshommes que vous attendez aujourd'hui, votre neveu en sortant a été accosté par un page qui lui a remis secrètement une lettre.

D'AUBIGNÉ.

Si c'est de la part d'une grande dame, elle pourrait choisir un cavalier de plus mauvaise naissance.

MADAME LANDRY.

Tout est prêt, et vos amis peuvent venir.

D'AUBIGNÉ.

Fort bien.

MADAME LANDRY.

Au moins, pas de propos politiques, monsieur d'Aubigné; ce n'est pas que la maison ne soit sûre; mais le cardinal a des espions par-tout, et moi je ne puis refuser ma porte à ceux qui veulent entrer; par exemple, à ce M. de Saint-Mars, qui est une créature du Mazarin.

D'AUBIGNÉ.

L'ancien gouverneur de Bourgogne...

MADAME LANDRY.

Rappelé par le cardinal pour faire la cour à la belle veuve du marquis de Senecey. Ah! c'est une intrigue... Le cardinal s'aperçoit que le roi néglige sa nièce pour la marquise, et prudemment il choisit un mari pour celle-ci.

D'AUBIGNÉ.

Ah! madame Landry, voilà de la médisance; et si nous jasions aussi haut que vous... mais soyez sans crainte... De la politique! le moment serait bien choisi, par Dieu! Ne sommes-nous pas tous heureux, protestants et catholiques, sous le roi Louis XIV? et moi-même ne dois-je pas à sa bonté ma rentrée à la cour? Allez à vos affaires, madame Landry. Le vin est-il bon?

MADAME LANDRY.

Excellent.

(Elle sort.)

SCÈNE III.

D'AUBIGNÉ, seul.

Enfin, le moment est venu! Jamais conspirateur n'eut la partie plus belle... Je tiens dans mes mains le sort de la monarchie, celui de l'Europe, celui de la religion!... Ah! si j'avais pu m'emparer de cette cassette, où le père Audoin renfermait les messages d'Anne d'Autriche... mais je suis arrivé trop tard. Le saint homme était allé rendre ses comptes à Dieu, et le précieux dépôt avait disparu... renvoyé sans doute à Louis, N'importe, l'origine du prince est écrite sur son front. Que nous faudrait-il cependant?... Un accident... une maladie, un hasard!... Que Louis rejoigne ses aïeux, et la couronne tombe sans effort sur la tête de son frère... un roi de notre religion!... un roi qui ne serait en réalité qu'un instrument sous ma main! Fidèles catholiques, nous verrions alors de vos conversions par milliers. La parole du maître est si persuasive... Mais je m'oublie: Gaston ne sera peut-être qu'un otage entre mes mains. (Il regarde par la fenêtre.) Ah! voici ce cher neveu... Mon neveu!... Que Dieu et le roi me le pardonnent!

SCÈNE IV.

D'AUBIGNÉ, GASTON.

GASTON.

Tu es arrivé le premier, bel oncle; mais, comme tu vois, l'élève suit le maître, quand il s'agit d'une joyeuse partie.

D'AUBIGNÉ.

Mon cher neveu, pour un nouveau réformé, vous menez une vie dont l'austérité n'est pas exemplaire.

GASTON.

Ah! nous nous fâcherons... d'abord pour ce vous qui me déplaît, et ensuite pour tes sermons... Voyons, que venons-nous faire ici? vas-tu nous parler encore, comme l'autre soir, du cardinal, des protestants, de Dieu et du diable? Tout cela est bon pour toi.

D'AUBIGNÉ.

Et que proposes-tu?

GASTON.

De rire et de vider des verres en l'honneur de nos belles.

D'AUBIGNÉ.

Oui; l'on m'a dit que tu avais fait une conquête.

GASTON.

A celui qui dirait du mal de la mienne je donnerais un coup d'épée, et un remerciment à qui me dirait son nom... car je n'ai encore reçu d'elle que des billets sans signature : c'est une aventure de roman.

D'AUBIGNÉ.

Fou que tu es!

GASTON.

Sais-tu bien que dans ses lettres, la dame m'engage à me méfier de toi?

D'AUBIGNÉ.

De moi?

GASTON.

Et de tes amis.

D'AUBIGNÉ, à part.

Soupçonnerait-on nos projets?

GASTON.

J'ai suivi son page, et je l'ai vu rentrer au Louvre. Il faut que mes amis m'aident à la découvrir.

D'AUBIGNÉ.

Digne occupation pour des gentilshommes!

GASTON.

Des gentilshommes! Parle pour eux et pour toi; mais moi qu'ai-je à faire, sinon à prendre la vie gaîment? Autrefois j'ai juré effrontément que j'étais le fils du baron d'Orville... Maintenant me voilà ton neveu, sans être devenu pour cela de meilleure famille... Ma foi, j'ai renoncé à connaître la mienne. Je te remercie de m'avoir tiré de Semur où je languissais!.. Tu m'avais promis de me faire voyager, et depuis deux ans tu as bien tenu ta promesse. Mais je voudrais me reposer et voir le monde ailleurs que sur les grandes routes... Paris m'offre ses plaisirs, et tu me les refuses... La cour, je n'en puis approcher...

D'AUBIGNÉ.

Et qu'y verrais-tu? des insensés qui dépensent en fêtes le fruit de la sueur du peuple; sont-ce là les plaisirs qu'il te faut? Tu trouves bien sans doute que le roi lui-même...

GASTON.

Vraiment, qui s'amuserait dans le royaume si ce n'est lui? Tu ris de pitié, mais c'est toi qui me fais de la peine... Au lieu de te tenir tranquille, tu passes ta vie à intriguer, et de moi tu fais une espèce de conspirateur en second, un pilier du cabaret où tu tiens tes conférences mystérieuses, un véritable oiseau de nuit qui ne vole que dans les ténèbres... et au bout de tout cela que trouverai-je? une prison

d'état peut-être... Ah! prends-y garde, au moins, cher oncle, je t'en prie; je sens que j'y mourrais d'ennui au bout de huit jours... Ventre-Saint-Gris, comme disait ton Henri IV, la vie au soleil, active, bruyante, dissipée, voilà ce qu'il me faut... Des fêtes, des plaisirs... et puis des conspirations si tu veux, pour remplir le reste du temps.

D'AUBIGNÉ.

Des idées plus sérieuses t'occuperont bientôt.

GASTON.

Je suis sérieux aussi quelquefois, quand je suis seul; le souvenir de Marie et de l'affront que j'ai reçu se réveille... C'est toi qui m'as empêché de me couper la gorge avec son frère... Marie!.. je l'aimais bien... je l'aime encore... mais elle est devenue la femme d'un autre... Elle m'a oublié peut-être... Est-elle à la cour?

D'AUBIGNÉ.

Qu'importe? c'est une folie d'y songer encore... Voici nos amis... (A part.) Il n'y a pas un moment à perdre.

SCÈNE V.

LAUNAY, POMPIGNAN, D'AUBIGNÉ, GASTON, Gentilshommes.

D'AUBIGNÉ.

Bonjour, messieurs ; à table tous, et le verre en main.

GASTON.

C'est parler.

(Ils s'asseyent, Launay, Pompignan, d'Aubigné et Gaston à la table de gauche; les autres aux tables de droite.)

D'AUBIGNÉ.

Demain la cour va partir pour un voyage de quelques jours, il est temps de donner le signal d'une entreprise juste...

GASTON.

Un moment, cher oncle... tu nous prends par trahison... Je suis venu au cabaret pour me divertir en bonne compagnie, et non pour t'entendre rabâcher tes griefs contre la cour... A ta santé... et que ceux qui pensent comme moi me fassent raison... Personne?

POMPIGNAN.

D'Aubigné, vous nous aviez répondu de votre neveu?

D'AUBIGNÉ.

Et j'en réponds encore.

LAUNAY.

Pourtant ce langage... Voudrait-il déserter notre cause?

(Ils se lèvent et s'approchent de Gaston.)

GASTON.

Moi! messieurs, vous me connaissez mal... Le métier de conspirateur ne me plaît pas... J'ai été engagé presque à mon insu dans ces menées dont le but est noble et le succès incertain... Mais, puisque vous êtes tous décidés, personne ne pourra dire qu'au moment du péril j'aie abandonné mes amis... Launay, prenez ce poignard, et si j'hésite quand il faudra agir, frappez. (A d'Aubigné.) Parle maintenant, mon oncle.

D'AUBIGNÉ.

Nos projets sont bien compris. Recouvrer toutes les franchises des grands vassaux de la couronne, toutes les libertés de notre conscience ; prévenir les nouvelles attaques qui se préparent dans l'ombre contre la religion ; enfin, obtenir le redressement de tous nos griefs, voilà la fin que nous nous proposons. Maintenant voici nos moyens... Nous emparer de plusieurs places fortes, nous appuyer de quelques grands noms, et de nos voisins de Flandre ; mettre à notre tête un prince du sang royal, dont je vous ai d'avance promis le concours, pour dicter ensuite les conditions d'un traité. Pompignan, sur combien d'hommes pouvez-vous compter pour un coup de main ?

POMPIGNAN.

Sur mille à-peu-près.

D'AUBIGNÉ.

Tous armés ?

POMPIGNAN.

Tous.

D'AUBIGNÉ, à Launay

Et vous ?

LAUNAY.

Je vous promets Nanci.

D'AUBIGNÉ.

Votre régiment vous est dévoué... (A Pompignan.) Avez-vous reçu les dépêches du prince d'Orange ?

POMPIGNAN.

Il nous joindra au premier signal. Mais quel est le prince qui doit nous commander, est-il Français ?

D'AUBIGNÉ.

Vous le connaîtrez plus tard, quand notre sainte entreprise aura réussi.

POMPIGNAN.

En attendant, où est notre chef ?

D'AUBIGNÉ, montrant Gaston.

Le voici.

TOUS.

Gaston !

GASTON.

Moi !...

SCÈNE VI.

LES MÊMES, Mme LANDRY.

MADAME LANDRY.

M. de Saint-Mars vient d'entrer.

POMPIGNAN.

Saint-Mars ! un agent du cardinal !

LAUNAY.

Sommes-nous découverts ?...

D'AUBIGNÉ.

Reprenez vos places.

(Ils s'asseyent tous.)

SCÈNE VII.

LES MÊMES, SAINT-MARS.

D'AUBIGNÉ, élevant son verre.

A la gloire et à l'heureux mariage du roi Louis XIV !

SAINT-MARS, ôtant son chapeau.

Je m'unis à vous, mes gentilshommes... pardonnez-moi ma liberté... J'ai pénétré jusqu'ici sans connaître aucun de vous... n'est-il point dans votre compagnie un jeune homme nommé Gaston ?

GASTON.

Me voilà.

SAINT-MARS.

M'accorderez-vous la faveur d'un entretien ?

GASTON.

Volontiers, monsieur.

D'AUBIGNÉ, à part.

Que lui veut-il ? (Haut.) Nous vous laissons ici, mon jeune compagnon... nous nous retrouverons ce soir... (bas.) à minuit... (Haut.) Le verre en main... (bas.) et l'épée au poing.

(Ils sortent.)

SCÈNE VIII.

GASTON, SAINT-MARS.

SAINT-MARS, à part.

Il faut que ce jeune homme soit quelque personnage suspect, le cardinal me charge de l'interroger.

GASTON.

Que me voulez-vous, monsieur ?

SAINT-MARS.

Je venais... que vois-je ? quelle étrange ressemblance !...

GASTON.

Êtes-vous peintre, monsieur ? et tellement enchanté de ma figure que vous vouliez en prendre copie ?... à votre aise... de face ou de profil... mais commencez ou parlez.

SAINT-MARS, à part.

C'est le visage du roi, sa taille, le même son de voix... (Haut.) Un grand personnage, frappé de votre bonne mine, prend à votre fortune le plus vif intérêt... et l'on pourrait vous produire à la cour en vous attachant à son service.

GASTON.

Quel est ce seigneur ?

SAINT-MARS.

Mais vous me pressez déjà bien vivement... et si le cardinal n'avait pas voulu se faire connaître...

GASTON.

Le cardinal... je refuse... je dois refuser.

SAINT-MARS.

Cette réponse l'étonnera. N'avez-vous pas des titres à cette faveur ? n'êtes-vous pas gentilhomme et bon catholique ?

GASTON.

Monsieur...

SAINT-MARS.

Sans doute vous n'avez jamais vu la cour... Vous avez été élevé dans quelque province éloignée.

GASTON.

Peu vous importe, je suppose...

SAINT-MARS.

Je cherche les raisons de l'étrange accueil que vous faites à mes offres. Si vous saviez ce que vous refusez.

GASTON.

Cette cour est-elle en effet un si magnifique séjour ?

SAINT-MARS.

Ah ! jeune homme ! il fallait voir le dernier carrousel du cardinal.

GASTON.

Et ce que l'on dit de la galanterie des dames et de leur beauté...

SAINT-MARS.

Tout cela est vrai... nous autres gens de cour nous trouvons peu de cruelles...

GASTON.

Et parmi toutes ces belles, n'en cite-t-on pas quelqu'une ?

SAINT-MARS.

Avant toutes, une dame d'honneur de la reine-mère, la charmante veuve du marquis de Senecey.

GASTON.

Veuve, dites-vous ; elle est veuve ?

SAINT-MARS.

Vous la connaissez ?...

GASTON.

Marie d'Ostanges... la compagne de ma jeunesse.

SAINT-MARS.

Vous avez été élevé à Semur ?...

GASTON.

Dans la province dont vous étiez gouverneur.

SAINT-MARS.

Vous habitiez les bords de l'Yonne, avec le père Audoin... près du baron d'Ostanges ; où vous nommait d'Orville.

GASTON.

Et vous, monsieur, vous étiez ce Saint-Mars que la province entière détestait, et dont j'ai souvent combattu les actes tyranniques ; vous voyez, monsieur, que nous nous connaissons.

SAINT-MARS, à part.

J'en sais assez pour le cardinal. (Haut.) Oseriez-vous porter vos vues jusqu'à la marquise ?

GASTON.

Qui m'en empêchera ?

SAINT-MARS.

Les nobles gentilshommes qui la courtisent et qui souffrent à peine la rivalité du roi.

GASTON.

Du roi !

SAINT-MARS.

Celui qui a Louis pour rival ne redoutera pas monsieur Gaston d'Orville.

GASTON.

Et lui à son tour ne redoute personne.

SAINT-MARS.

Il suffit, jeune homme ; sachez vous modérer, et n'attirez point sur vous par quelque imprudent éclat les yeux d'une cour qui peut-être observe déjà vos démarches... J'ignore le motif de cette surveillance.... mais, si vous en croyez mes avis, ne paraissez point au Louvre.

SCÈNE IX.

GASTON, seul.

Marie me serait rendue... je la reverrais libre ! Ah ! comment n'ai-je pas deviné que ces messages secrets me venaient d'elle ? elle m'aime encore... je le crois... que ce Saint-Mars soit mon rival... peu importe... mais le roi ! le roi... oui, voilà le danger... Un prince jeune, victorieux, cité pour sa galanterie... aura-t-elle pu résister à ses soins?... Il faut que je la revoie, que je lui parle. Dame d'honneur de la reine-mère, je demanderai ; je me ferai indiquer... j'ai de l'or, d'Aubigné ne m'en laisse pas manquer ; quant à sa conspiration, eh bien ! je la retrouverai ici, à minuit... Où diable a-t-il eu l'idée de me faire nommer chef !... à la bonne heure, j'aime à commander ; mais avant tout au Louvre... au Louvre... Ah ! la beauté cachée dans ce palais est plus précieuse pour moi que toutes les puissances qu'il renferme.

(Il sort.)

SCÈNE X.

Au Louvre. L'appartement de la marquise ; porte d'entrée au fond ; à gauche du spectateur, porte conduisant chez la marquise ; à gauche, sur le dernier plan, une fenêtre ; à droite, une toilette avec une glace. A gauche, une table garnie.

MARIE, seule.

Ce portrait... il semble que ce soit le sien... dans l'image de Louis, je retrouve celle de Gaston... que leurs traits sont semblables... mais que leur langage est différent !... autant que la galanterie est au-dessous du véritable amour... Pauvre Gaston !... je tremble pour lui... le cardinal soupçonne un complot... Ah ! qu'il parte... qu'il parte... ma dernière lettre n'était pas assez pressante ; écrivons encore...

SCÈNE XI.

Mlle AUBRY, MARIE, assise devant la toilette.

MARIE.

Vous voilà, mademoiselle Aubry? est-ce l'heure de me rendre chez la reine-mère?

MADEMOISELLE AUBRY.

Oui, madame; souffrez que je rajuste votre coiffure.

MARIE.

Ne prenez pas ce soin.

MADEMOISELLE AUBRY.

La tristesse de madame la marquise nous étonne beaucoup; veuve, jeune et belle, entourée des hommages de toute la cour et de ceux même du maître...

MARIE.

Je ne les ai pas cherchés.

MADEMOISELLE AUBRY.

C'est pour cela qu'ils vous cherchent... Le roi aime, dit-on, les entreprises difficiles... Or, un amant bien épris ne se décourage pas pour un peu de rigueur.

MARIE.

Vous lisez trop de romans, mademoiselle.

MADEMOISELLE AUBRY.

Ah! madame, l'Astrée et la Clélie sont de bien beaux ouvrages; rien n'est plus divertissant que ces aventures mystérieuses, ces déguisements de monarques en bergers, ces amours qui commencent, continuent et se terminent d'après les règles de la belle galanterie... Par exemple, je me figure le roi comme un véritable héros de roman. Je ne l'ai vu qu'une fois depuis que j'ai l'honneur d'être attachée à votre service: c'était au dernier carrousel: que sa figure m'a paru belle!

MARIE, regardant le portrait.

Bien belle, n'est-ce pas?

MADEMOISELLE AUBRY.

Des traits si nobles...

MARIE.

Tout-à-fait nobles, ma bonne Aubry...

MADEMOISELLE AUBRY.

Et dignes d'un maître du monde...

MARIE.

Voilà ce que j'ai toujours pensé de lui...

MADEMOISELLE AUBRY.

Je me disais que si j'étais grande dame et qu'il eût pris mes couleurs, j'aurais craint d'en mourir de joie. Songez donc... un roi!

MARIE, à part.

Toujours le roi (haut.) Laissons cela... Vous trouverez dans ma chambre une cassette qui porte l'empreinte des armes royales: vous me l'apporterez; il faut que je la remette à sa Majesté aujourd'hui même. (Mademoiselle Aubry sort.) J'avais oublié ce dépôt que le père Audoin m'a fait parvenir... Je ne sais ce que ce

peut être... le roi doit seul en avoir connaissance.

SCÈNE XII.

MARIE, UN DOMESTIQUE, ouvrant la porte du fond.

LE DOMESTIQUE.

Madame la marquise veut-elle recevoir?

MARIE.

Qui desire me parler? M. de Saint-Mars?

LE DOMESTIQUE.

Un gentilhomme que je ne connais pas.

MARIE.

Laissez entrer. (Gaston entre et s'arrête.) (A part.) Gaston! (Au domestique.) Allez attendre mes ordres.

SCÈNE XIII.

MARIE, GASTON.

GASTON.

Marie!

MARIE.

C'est vous!...

GASTON.

Vous êtes étonnée... peut-être la marquise de Senecey attendait-elle la visite du roi de France?

MARIE.

Quelle parole dans un tel moment! Ah! je n'espérais pas vous revoir... Comment avez-vous appris?...

GASTON.

J'avais des soupçons, Marie, que ces lettres venaient de toi... et ton nom, ton rang à la cour m'ont été révélés... M. de Saint-Mars...

MARIE.

Tu l'as vu?

GASTON.

Si je l'ai compris, il t'aime... il aspire à l'honneur de ta main... ne me dis pas que tu rejettes ses hommages, tu me ferais rougir de te l'avoir demandé; mais moi, tu m'aimes encore? ils ne sont pas vains, n'est-ce pas, les serments qu'on se fait seuls au milieu de la nuit? elles ne s'effacent pas du cœur les paroles d'amour qu'on prononce à voix basse... rien ne s'oublie, n'est-ce pas? nous n'avons pas été séparés... tu es restée avec moi, Marie, toujours présente à ma pensée... Et toi, dans cette cour brillante, tu songeais à moi, au jeune homme obscur, dédaigné, et ton amour me vengeait des mépris du monde... Ah! Marie, oublions que deux ans se sont écoulés, et dis-moi, comme autrefois, dis-moi, belle dame et noble marquise, que tu aimes le pauvre Gaston.

MARIE.

Ah! juge-s-en par mon inquiétude au moment où tu exposes tes jours.

GASTON.

Seraient-ils menacés?

MARIE.

Je ne sais, mais vos réunions secrètes...

GASTON.

Enfin, que soupçonne-t-on?

MARIE.

Un complot... une entreprise contre l'autorité du premier ministre... Admise dans l'intimité des grands, je sais que le cardinal est inquiet... il fait surveiller tous les mécontents... On connaît le lieu où ils se rassemblent.

GASTON.

O ciel! tu me fais trembler... non pour moi, mais pour eux... pour d'Aubigné.

MARIE.

Il faut rompre avec eux.

GASTON.

Il faut les prévenir.

MARIE.

Sans les revoir, du moins; peut-être serait-il trop tard... Fuis... je t'en conjure.

GASTON.

Pour laisser le champ libre aux vœux d'un seigneur noble ou d'un monarque.

MARIE.

Gaston!

GASTON.

Prévenir mes amis, partir ensuite, mais seul... c'est le fait d'un lâche qui tient à la vie... Avant de te revoir je l'aurais risquée sur un coup de dés, je la jouais avec d'Aubigné dans un complot... si je renonce à partager les dangers de mes amis, il faut que tu renonces à cet éclat qui t'environne; c'est un sacrifice pénible pour une femme, mais ce sera le prix de l'honneur d'un homme... si tu hésites, tout est dit entre nous... tu ne m'aimes plus... je puis attendre les coups du cardinal.

MARIE.

Fuir avec toi, mais comment?

GASTON.

Ne crains rien... par-tout j'ai des amis qui protégeront ma fuite... un avis secret instruira d'Aubigné... demain ou ce soir, si tu veux...

MARIE.

Demain... ce soir... abandonner la cour, mon rang, mon père!

GASTON.

Est-ce tout ce que tu regrettes?.. tu ne m'as point parlé du roi.

MARIE.

On vient, silence.

SCÈNE XIV.

Les Mêmes, Mⁱˡᵉ AUBRY.

MADEMOISELLE AUBRY.

Madame, voici la cassette que vous m'avez demandée... Ce ne peut être un trésor, car elle est bien légère... (Elle la pose sur la table à gauche.) Je viens de voir le gentilhomme de service qui vous mande à l'instant même chez la reine-mère... On veut consulter votre goût sur une parure du prochain ballet.

MARIE.

Des parures... des fêtes... (à Gaston.) ah! ce n'est pas un regret. (A mademoiselle Aubry.) Vous reconduirez ce gentilhomme par l'escalier dérobé. (A Gaston.) Vous m'excuserez, monsieur. (Bas.) Revenez ce soir.

GASTON, à part.

O bonheur!... (Haut.) Je salue humblement madame la marquise.

(Marie sort.)

SCÈNE XV.

GASTON, Mⁱˡᵉ AUBRY.

GASTON.

Ah! j'avais tort de me défier d'elle... Pourtant, il me reste un doute à éclaircir... mademoiselle...

MADEMOISELLE AUBRY.

Le roi! est-il possible, sous ce vêtement...

GASTON.

Qu'avez-vous donc?

MADEMOISELLE AUBRY.

Est-ce bien lui? Pardon... la surprise... le respect...

GASTON.

Je ne vous comprends pas.

MADEMOISELLE AUBRY.

Ah! sire, je m'attendais si peu à voir votre Majesté...

GASTON, à part.

Sire... votre Majesté... que veut-elle dire?

MADEMOISELLE AUBRY.

Qui vous a vu une fois, doit en conserver le souvenir.

GASTON, à part.

Elle me prend pour le roi...

MADEMOISELLE AUBRY.

Ce déguisement est tout-à-fait galant et conforme à l'usage.

GASTON, à part.

Cette femme est folle, son erreur me servira... (Haut.) Soyez discrète et parlez bas.

MADEMOISELLE AUBRY.

Oui, sire, aussi bas que vous voudrez.

GASTON.

Vous avez déjà vu le roi... vous m'avez vu, dis-je, une fois?

MADEMOISELLE AUBRY.

Une seule.

GASTON.

Dans cet appartement?

MADEMOISELLE AUBRY.

Non, sire.

GASTON, à part.

Je respire.

MADEMOISELLE AUBRY.

Mais dans le glorieux carrousel où vous portiez les couleurs de ma maîtresse.

GASTON, à part.

Ah ! c'est un amour déclaré. (Haut.) Et dites-moi, la marquise est-elle fière du pouvoir de ses charmes, répond-elle aux empressements que son roi fait paraître ?... Ah ! parlez sincèrement... je le veux.

MADEMOISELLE AUBRY.

Ah ! sire, qui peut rester insensible à vos hommages ? La marquise affecte en vain de l'indifférence... soyez certain qu'elle vous aime.

GASTON, à part.

Ciel !

MADEMOISELLE AUBRY.

Lorsqu'elle fut présentée à la cour, tout le monde s'aperçut de l'impression que lui causa la présence de Louis.

GASTON.

Est-il vrai ?

MADEMOISELLE AUBRY.

Il fallut la soutenir, tant l'émotion était forte... puis elle devint triste, rêveuse, et souvent je l'ai vue tirer de son sein un portrait du roi, qu'elle couvre de pleurs...

GASTON, à part.

Ah !...

MADEMOISELLE AUBRY, à part.

Il paraît bien ému, c'est de joie apparemment.

GASTON.

Mais son père le baron d'Ostanges ?...

MADEMOISELLE AUBRY.

Votre Majesté a eu ses raisons pour l'envoyer en Angleterre.

GASTON, à part.

Je m'en doutais. (Haut.) Il suffit, je vous remercie, je reverrai la marquise... retirez-vous.

(Mademoiselle Aubry s'incline et se retire.)

SCÈNE XVI.

GASTON, seul.

Qu'ai-je appris ?... les rapports de cette femme, les discours de Saint-Mars, tout s'accorde, tout m'explique l'hésitation de Marie... Pourtant elle est prête à quitter pour moi ce séjour de luxe et de corruption ; rien ne la force... écrivons cependant à d'Aubigné... (Il va s'asseoir devant la table à gauche.) *Tout est découvert, fuyez...* ce portrait du roi ! (Voyant la cassette.) Une cassette aux armes royales ?... oui... ce sont bien les armes de Louis. Que renferme-t-elle ? quelque preuve peut-être... holà quelqu'un !... contenons-nous.

SCÈNE XVII.

GASTON, Mlle AUBRY.

GASTON.

Veuillez faire remettre ce billet... non. (Il le déchire.) Malédiction ! Voilà une cassette bien précieuse... que peut-elle contenir ?

MADEMOISELLE AUBRY.

Votre Majesté doit le savoir mieux que personne, puisque c'est à elle que ma maîtresse devait la rendre aujourd'hui même.

GASTON.

Au roi !

MADEMOISELLE AUBRY.

A vous seul en secret.

GASTON.

Et pourquoi ?...

MADEMOISELLE AUBRY.

Je ne sais ; mais, si elle s'applique à surmonter son penchant, si elle se décide à une rupture, il est d'usage de se rendre les gages d'amour. Votre Majesté n'a plus rien à m'ordonner ?

GASTON.

Rien... laissez-moi... laissez-moi...

MADEMOISELLE AUBRY.

J'obéis.   (Elle sort.)

SCÈNE XVIII.

GASTON, seul.

Au moment où elle se réconcilie avec moi !... que renvoie-t-elle à son noble amant ? des présents ou des lettres... elle les avait reçus... elle m'avait trahi !... Ce consentement qu'elle m'a donné, je ne le dois qu'à un moment de repentir, qu'à sa pitié. Oh ! le cœur d'une femme n'est pas à l'épreuve du titre de roi... comptez sur la foi jurée pour cette vie... fumée légère qui s'évanouit sous le regard du maître... O Dieu ! mais je veux la convaincre, lui reprocher sa perfidie ; la preuve est là... je l'aurai... Que vais-je faire ? ouvrir cette cassette : violer ses secrets !... ses secrets ! pourquoi, pourquoi ne pas me dire : Je ne t'aime plus, la vanité m'a séduite ?... je serais parti seul... Mais la prendre pour compagne de ma fuite et la soupçonner... ah ! c'est affreux pour elle... pour moi... La vérité vaut mille fois mieux... (Cherchant à ouvrir la cassette.) Ah ! ce n'est pas le sceau royal qui arrêtera mon poignard. (La cassette s'ouvre.) Des lettres ! j'en étais sûr... O Marie ! Marie !... d'où vient que je n'ose lire ?... Ai-je encore quelque chose à apprendre ? Une lettre en chiffres ! (Il la rejette.) et celle-ci... Au père Audoin... Que vois-je ?... Au père Audoin ?... Anne d'Autriche... Ma vue se trouble-t-elle ?... Est-ce une illusion ?... Moi !... moi !... que dit-elle ?... « *Gaston, frère*

« *jumeau de Louis XIV...* » Je deviens insensé!... « *Le prince a une petite tache à la* « *main gauche...* » La voilà... « *Une autre au* « *côté droit du cou!...* » (Il s'élance vers la glace et déchire sa cravate.) Ah!... et celle-ci encore!... (Il tombe sur un fauteuil.) « *N'oubliez pas qu'il est* « *du sang royal de France, et que la mort du* « *dauphin peut appeler sur le trône Gaston,* « *frère jumeau de Louis XIV.* » C'est écrit... et signé Anne d'Autriche!... Ma mère!... frère du roi!... fils de Louis XIII!... Paix à ta mémoire, mon royal père... Amour pour vous, ô ma mère, qui ne m'aviez pas proscrit sans retour! Amour à toi, mon frère!... mon frère!... Il est roi!... Et moi aussi je suis roi de France... encore son rival!... Je lui ressemble, disent-ils, je veux lui ressembler plus encore. Ah! ne me repoussez pas, mon frère Louis : il me faut ma part de l'héritage de notre père... Vous voyez, Gaston, frère jumeau de Louis XIV, signé Anne d'Autriche... Gaston, c'est moi! Anne d'Autriche, c'est ma mère! Ah! ne me repoussez pas, ou vous répondrez devant Dieu de la paix du royaume. Gardez, gardez pour vous les pompes et les joies de la cour, mais à moi des armes, des soldats, de la gloire!... Protestants, c'est moi qui porterai vos plaintes : vous tous, dont on méconnaît les droits, venez à moi, on a violé les miens, venez à moi, nous aurons justice ensemble... C'est un fils de France qui vous rallie; oui, j'écrirai sur mes drapeaux : Gaston, frère jumeau de Louis XIV, signé Anne d'Autriche. Oh! comment ai-je pu vivre ainsi jusqu'à ce jour?... Je me sentais là quelque chose... Obscur, rejeté, j'avais du sang royal dans les veines, et pourtant une seule pensée m'occupait : l'amour d'une femme, et une fuite honteuse... Que vous êtes vides maintenant, rêves de mes jours oisifs, plaisirs d'un cœur qui s'ignorait!... Aujourd'hui, le réveil au bruit des armes, vingt batailles, et la gloire, et les regards et les applaudissements du monde... O quelle vie! Ce sera la mienne, et je n'ai que vingt ans, et j'ai de la force, et j'ai le cœur pur!— Quelqu'un!... Serments d'un roi, pensées qui troubleriez le repos du monde, rentrez dans mon sein.

SCÈNE XIX.

SAINT-MARS, GASTON, UN DOMESTIQUE
au fond.

SAINT-MARS, *entrant.*

J'attendrai madame la marquise.

(Le domestique sort.)

(A part.) Le voilà! une querelle et un coup d'épée... J'ai mes instructions. (Haut.) Vous, dans cet appartement, jeune homme?

GASTON.

Votre étonnement me déplaît.

SAINT-MARS.

L'approche du Louvre vous était interdite.

GASTON.

C'est pour cela que j'y suis venu.

SAINT-MARS.

La marquise souffre donc vos visites?

GASTON.

Demandez-lui si elle souffre les vôtres.

SAINT-MARS.

Vos réponses sont brèves et moins polies qu'on ne les échange entre gentilshommes.

GASTON.

Peut-être conviennent-elles de vous à moi.

SAINT-MARS.

Je me tiendrais offensé, si vous étiez d'un rang plus élevé, mais vous n'êtes pas mon égal.

GASTON.

Non; ni ne voudrais l'être.

SAINT-MARS.

Je le crois, votre naissance vous assure l'impunité.

GASTON.

Ah! rendez plutôt grace à la vôtre.

SAINT-MARS.

Je prétends à la main de la marquise : je ne souffre point de rival de votre sorte... Retirez-vous.

GASTON.

Me commander... à moi : vous l'osez!

SAINT-MARS.

Êtes-vous seulement gentilhomme?

GASTON.

Je jure Dieu que je le suis.

SAINT-MARS.

Eh bien!... faites-moi raison l'épée à la main.

GASTON.

De tout mon cœur. (A part.) Que vais-je faire?... commettre ma destinée avec cet homme...

SAINT-MARS.

Vous hésitez.

GASTON.

Je vous épargne; mais retirez-vous.

SAINT-MARS.

Si vous êtes de noble famille, faites-le voir... Mais non, vous avez peur...

GASTON.

Insensé!... savez-vous à qui vous parlez?... Respectez-moi, monsieur.

SAINT-MARS.

Vous!

GASTON.

Demandez pardon...

SAINT-MARS.

A qui? vous me faites pitié.

GASTON.

Pitié!... chapeau bas, monsieur, chapeau bas.

(Il lui arrache son chapeau.)

SAINT-MARS.

Insolent ! qui êtes-vous donc ?

GASTON.

Je suis... Défendez votre vie.

(Ils mettent l'épée à la main.)

SAINT-MARS.

Et vous la vôtre.

GASTON.

Voici la marquise.

SAINT-MARS.

Quand l'horloge sonnera six heures, derrière le Louvre.

GASTON.

J'y serai.

(Ils remettent leurs épées.)

SCÈNE XX.

LES MÊMES, MARIE.

MARIE.

Monsieur de Saint-Mars !

SAINT-MARS *.

Je suis désespéré, madame, d'avoir manqué l'occasion de vous entretenir, mais mon service m'appelle chez le cardinal. Six heures vont bientôt sonner.

GASTON, bas à Saint-Mars.

Comptez sur moi.

(Saint-Mars salue et sort.)

SCÈNE XXI.

GASTON, MARIE.

MARIE.

Qu'est-ce donc ? Vous parliez haut quand je suis entrée ; vous seriez-vous querellés ?

GASTON.

Il s'est vanté de t'épouser.

MARIE.

Lui !

GASTON.

Il fait valoir ses titres, comme autrefois le marquis... Ses titres ! c'est moi que tu aimes, n'est-il pas vrai ? Gaston, pauvre, fugitif, sans famille ?

MARIE.

Toi seul.

GASTON.

Vois cette cassette.

MARIE.

O ciel ! je devais la remettre au roi !

GASTON.

Et c'est un roi qui l'a ouverte... lis... Je te croyais infidèle, j'ai violé tes secrets... Pardonne et lis.

MARIE, après avoir lu.

O mon Dieu !

GASTON.

Fils de Louis XIII... c'est moi... Eh bien ?...

(Marie tombe à genoux.)

* Gaston, Saint-Mars, Marie.

GASTON, la relevant.

Ah ! dans mes bras, sur mon cœur, Marie, mon bien, mon amour !

MARIE.

Gaston... que je te dise encore une fois que je t'aime... Demain je partais avec toi, demain j'aurais été ta femme... Je ne suis plus que la maîtresse d'un prince.

GASTON.

Toujours ma femme. (On entend des voix confuses dans l'antichambre.) Quel est ce bruit ?

D'AUBIGNÉ, en dehors.

Je veux lui parler.

GASTON.

C'est la voix de d'Aubigné : un ami qui m'est tout dévoué.

(Sur un signe de Marie, le domestique laisse entrer d'Aubigné.)

SCÈNE XXII.

D'AUBIGNÉ, GASTON, MARIE.

D'AUBIGNÉ.

Eh bien ! mon cher neveu... excusez, madame la marquise, c'est donc ici qu'il faut venir te chercher ?

GASTON.

Vous arrivez à propos.

D'AUBIGNÉ.

Pardon, si je trouble une reconnaissance, mais nous avons aujourd'hui des affaires plus graves.

GASTON.

Je le sais, et Marie aussi.

D'AUBIGNÉ.

Imprudent ! et pourquoi es-tu venu ici ?

GASTON.

Ne gronde pas, cher oncle, je te suis... tu dois désigner ce soir le chef des conjurés ?

D'AUBIGNÉ.

Oui.

GASTON.

Il est du sang royal ?

D'AUBIGNÉ.

Oui.

GASTON.

Et les preuves de sa naissance ?

D'AUBIGNÉ.

Je les aurai.

GASTON.

Prends-les donc.

D'AUBIGNÉ.

Ciel !... ces lettres !...

GASTON.

Eh bien ! cher oncle, savais-tu que ton neveu ?...

D'AUBIGNÉ.

Depuis vingt ans, mon prince, je savais tout.

GASTON.

Je te confierai mes secrets... (On entend son-

ner six heures.) (A part.) Voici l'heure... sortons...
(Haut.) Adieu, Marie.

MARIE.

Monsieur d'Aubigné, je n'ai plus que des vœux à former. Veillez sur lui, défendez-le des périls qui le menacent : sur-tout, empêchez qu'il ne revoie M. de Saint-Mars... Je les ai trouvés tous deux...

D'AUBIGNÉ.

Saint-Mars! l'ame damnée de Mazarin! mais tu as donc... vous avez donc juré de nous perdre.

GASTON.

D'Aubigné, vous oubliez que je ne suis plus de la famille.

D'AUBIGNÉ.

Mon prince, depuis deux ans, je vous ai toujours dit la vérité, je vous la dirai toujours : des louanges, si elles sont justes ; des reproches, si vous les méritez.

GASTON.

Tu as raison. Mais il faut que je vous quitte...

D'AUBIGNÉ.

Où allez-vous ?

SCÈNE XXIII.

LES MÊMES, Mlle AUBRY.

MADEMOISELLE AUBRY.

Un envoyé de son éminence le cardinal.

D'AUBIGNÉ, à part.

Dieu!...

MARIE.

Que veut-il ?

MADEMOISELLE AUBRY.

Faut-il faire sortir sa Majesté ?

D'AUBIGNÉ.

Bonté du ciel! quoi! vous savez...

MADEMOISELLE AUBRY.

Je l'ai reconnu.

GASTON.

Faites entrer.

SCÈNE XXIV.

LES MÊMES, UN OFFICIER, DEUX GARDES.

MARIE.

Que demandez-vous, monsieur ?

L'OFFICIER.

Un jeune gentilhomme nommé Gaston... que nous devons conduire en présence du cardinal.

D'AUBIGNÉ, à part.

Il est perdu.

L'OFFICIER, montrant Gaston.

Serait-ce point ce cavalier ?

MADEMOISELLE AUBRY.

Y pensez-vous ? le roi !

L'OFFICIER.

Le roi ! (Il s'incline.)

D'AUBIGNÉ, à part.

Il est sauvé.

GASTON, à part.

Je pourrai sortir. (Haut.) Adieu, madame la marquise... (Bas.) D'Aubigné, à ce soir... (Haut.) Je vous défends de me suivre. (Aux gardes.) Restez, messieurs.

(Il passe devant les gardes qui s'inclinent, et sort.)

D'AUBIGNÉ.

Dieu soit loué !

SCÈNE XXV.

LES MÊMES, excepté GASTON.

L'OFFICIER.

Mais le cavalier que nous venons chercher, où est-il ?

D'AUBIGNÉ.

Je ne sais... que lui veut-on ?

L'OFFICIER.

Le cardinal desire accommoder son affaire avec M. de Saint-Mars.

MARIE.

Que dites-vous ?... un duel ?

L'OFFICIER.

Derrière le Louvre, à six heures.

MARIE, à d'Aubigné.

O mon Dieu, et il est parti !

D'AUBIGNÉ.

Malédiction !

L'OFFICIER.

S'il est au rendez-vous, nous le retrouverons... Venez, messieurs.

(Ils sortent.)

SCÈNE XXVI.

D'AUBIGNÉ, MARIE, Mlle AUBRY.

MARIE, à d'Aubigné.

Tâchez de le rejoindre.

D'AUBIGNÉ.

Fatale imprudence! (Il ouvre la fenêtre et regarde.) Que vois-je ? les avenues du palais sont gardées... Aucun moyen de parvenir jusqu'à lui... (Revenant.) Ah ! ces lettres, je les aurais payées de mon sang, les voilà, et maintenant tout nous échappe. Le ciel a-t-il maudit notre cause ?

MARIE.

Malheureux ! c'est moi, c'est mon amour qui le perd.

D'AUBIGNÉ.

Écoutez, madame ; ce secret que nous possédons seuls, n'est pas de ceux qui se révèlent ou qui s'oublient... Comme moi, vous êtes attachée au sort de Gaston ; comme moi, vous le suivrez en quelque lieu que ce soit ?

MARIE.

Oui.

D'AUBIGNÉ.

Ce sera la pensée de toute votre vie ?...

MARIE.

Je vous le jure.

MADEMOISELLE AUBRY, à la fenêtre.

Ah ! madame la marquise.

MARIE.

Qu'y a-t-il ?

MADEMOISELLE AUBRY.

Voyez, dans la rue, des flambeaux, des piques, des arquebuses, et, au milieu de la foule, un carrosse : on entraîne un homme.

MARIE.

Courez vite et sachez...

SCÈNE XXVII.

Les Mêmes, M. DE SAINT-MARS.

MARIE.

Ah ! monsieur de Saint-Mars !

SAINT-MARS.

Rassurez-vous, madame, mon adversaire n'a point paru au rendez-vous.

D'AUBIGNÉ.

Où donc est-il ?

SAINT-MARS.

Je viens vous annoncer la nouvelle faveur dont sa Majesté m'honore. Je suis nommé gouverneur des prisons d'état de Pignerol, et je pars aujourd'hui même.

D'AUBIGNÉ.

Partez-vous seul ?

SAINT-MARS.

Avec madame la marquise, si elle veut accepter ma main.

MARIE.

Vous, mon époux, jamais !

SAINT-MARS.

Adieu, madame, vous ne me reverrez plus.

D'AUBIGNÉ.

Adieu, Marie, je le reverrai.

ACTE QUATRIÈME.

(1669.)

Aux îles Sainte-Marguerite. A droite, sur le dernier plan, le fort ; au fond, la pleine mer.

SCÈNE I.

TONY ; il arrive dans sa barque en chantant un air provençal.

C'est décidé : je ne prendrai pas de poisson avant le coucher du soleil... C'était bien la peine de m'aventurer jusqu'à la pointe de l'île Sainte-Marguerite, et tout près du château... pour ne rien voir encore !... Qui vient là ?... Ah ! c'est le père Maurice, ce pêcheur tout nouvellement établi sur la côte... Oh ! eh ! père Maurice.

SCÈNE II.

TONY, D'AUBIGNÉ, en habit de pêcheur et sous le nom de MAURICE.

MAURICE.

Que regardais-tu donc ? Quelque prisonnier s'est-il montré à cette fenêtre ?...

TONY.

Non, par malheur, et puis c'est si haut !... Dites donc, vous ne l'avez jamais vu ?...

MAURICE.

Qui ?

TONY.

Ce prisonnier qui a toujours la figure cachée sous un masque de fer.

MAURICE.

Jamais.

TONY.

Mon père l'a aperçu en portant des provisions au château ; il dit que du reste c'est un beau garçon...On m'a assuré aussi que sa voix est touchante : quelquefois, pendant une nuit calme, les matelots ont entendu des chants bien doux, qui semblaient venir du ciel, avec le son d'un luth ou d'une harpe... Mais pourquoi ce masque ? Voilà ce que je me demande... Je me rappelle bien quand M. de Saint-Mars l'a amené dans l'île. Il y a déjà dix ans... On en a parlé dans notre cabane, pendant tout l'hiver, le soir, après le souper, au coin du feu... Les uns assuraient que c'était un grand personnage, duc de Monmouth, je crois, ou bâtard de Buckingham ; mais les autres disent qu'il a une tête effrayante... une vraie tête de mort... D'autres, que c'est un sorcier qui vous jetait des sorts, rien qu'en vous regardant... C'est peut-être lui qui a porté malheur à ma pêche.

MAURICE.

C'est possible...

TONY.

Je suis bien sûr en rentrant d'être grondé par mon père... Grondé, ça m'est égal... mais battu !... Ça m'arrive toutes les fois que je ne lui rapporte pas du poisson, ou un écu blanc... Aujourd'hui, rien.

MAURICE.

Tiens, mon enfant, je suis pauvre comme

toi... mais je n'ai besoin de gagner du pain que pour moi seul. Voilà quelque argent. Je t'achète ton premier coup de filet.

TONY.

Merci, père Maurice. On a beau dire que vous rapportez au gouverneur tout ce qui se passe dans l'île, moi je suis bien sûr que vous êtes un brave homme. Je vais jeter mon filet dans les fossés du château, et je reviens tout de suite.

(Il sort à droite.)

SCÈNE III.

MAURICE, seul.

Moi, vendu au gouverneur ! Plût au ciel qu'il m'eût déjà flétri de sa confiance !... Pauvre prince ! quelle lente agonie ! Depuis dix ans je cherche l'occasion de le sauver ; serais-je plus heureux ici qu'à Pignerol ? Seul, j'ai deviné quel est l'homme au masque de fer... Marie elle-même l'ignore encore... Quand je l'ai trouvée dans l'île, j'ai cru qu'elle était instruite ; mais elle ne songeait qu'à la captivité de son père. Depuis deux jours je ne la vois plus. Sera-t-elle parvenue à tromper la vigilance du gouverneur, à séduire un des gardiens du baron ? Cela se peut, toute leur attention se porte sur le malheureux prince.

SCÈNE IV.

MAURICE, TONY.

TONY.

La singulière aventure, père Maurice !... je la dirais chez nous, on ne la croirait pas... Vous avez du bonheur.

MAURICE.

Qu'y a-t-il ?

TONY.

Je jette mon filet dans les fossés du château... en le soulevant, je sens de la résistance... Oh ! oh ! pensai-je, la marée est bonne... Je tire et j'amène cette assiette d'argent...

MAURICE.

Donne.

TONY.

C'est que c'est de l'argent massif...

MAURICE.

Cette assiette aura été jetée par une des fenêtres de la prison... Il faut la rendre au gouverneur. Je m'en charge.

TONY.

Comme vous voudrez, vous m'avez acheté mon coup de filet : mais c'est égal, vous avez du bonheur. J'aperçois le gouverneur, je m'en vais bien vite... Ah ! faites attention, on dirait qu'il y a quelque chose d'écrit derrière, c'est rayé tout du même côté. Adieu, père Maurice.

(Tony remonte dans sa barque et s'éloigne en chantant.)

SCÈNE V.

MAURICE, seul.

Cette assiette m'appartient à double titre... (Il lit.) *Tâchez de pénétrer dans le fort Sainte-Marguerite ; la garnison est faible ; vous me trouverez fidèle aux droits de ma naissance royale. L'homme au masque de fer.* — Il m'aura vu !... Le gouverneur !... Allons, maintenant de l'audace et du sang-froid ; voici le moment que j'ai désiré.

SCÈNE VI.

MAURICE, SAINT-MARS, un Officier, quelques Soldats.

SAINT-MARS, à l'officier.

Parcourez l'île : visitez la pointe sud-est où l'abordage est facile. Des hommes suspects sont, dit-on, débarqués cette nuit : assurez-vous de la vérité.

L'OFFICIER.

Il suffit.

MAURICE, à part.

Ils ne les trouveront pas.

(L'officier sort avec les gardes.)

SCÈNE VII.

SAINT-MARS, MAURICE.

MAURICE.

Est-ce que le vieux baron d'Ostanges a encore tenté de s'échapper, monsieur le gouverneur ?

SAINT-MARS.

Non, Maurice ; et, grace à vous, qui m'avez averti de ses projets, je n'ai rien à craindre. Vous m'avez rendu service : je ne suis pas ingrat : voulez-vous quelque chose de moi ?...

MAURICE.

Je vous l'ai déjà dit... un lit et du pain, dans le château...

SAINT-MARS.

Impossible. Si vous avez besoin d'argent ?

MAURICE.

Je ne demande pas l'aumône, mais seulement du repos. Puisque cela ne se peut, adieu donc... je retourne dans ma cabane ; mais, avant de vous quitter, j'ai à vous remettre ce que j'ai pêché tout-à-l'heure dans les fossés du château... une assiette d'argent.

SAINT-MARS.

D'argent ? (Il lui donne l'assiette.)

MAURICE.

Je suppose qu'un de vos prisonniers l'aura laissée tomber.

SAINT-MARS, à part.

Un seul aurait pu le faire.

MAURICE, reprenant ses filets.

C'était un heureux coup de filet, mais le poisson n'était pas de bonne prise... Adieu, monsieur le gouverneur.

(Il va pour sortir.)

SAINT-MARS, après avoir lu.

Que vois-je?... Ne vous éloignez pas : vous répondez du secret... malheureux ! vous me perdez... ma vie ou la vôtre... restez... avez-vous lu ce qu'il a écrit ?

MAURICE.

Je ne sais pas lire.

SAINT-MARS.

Qui m'en répond ?

MAURICE.

La parole d'un honnête homme.

SAINT-MARS.

Vous devez parler ainsi ; votre liberté en dépend.

MAURICE.

Prenez-la, si vous ne me croyez pas.

SAINT-MARS, à part.

Encore une victime de ce fatal secret !... non... non... mais que du moins il ne puisse parler. (Haut.) Écoutez, Maurice, je cède à vos prières ; le domestique d'un prisonnier confié à ma garde est mort avant-hier ; je vous offre sa place, la voulez-vous ?

MAURICE.

Volontiers.

SAINT-MARS.

Mais une fois entré dans le château, vous ne pourrez plus en sortir.

MAURICE.

Jamais ?

SAINT-MARS.

Jamais.

MAURICE.

N'importe, je consens : le château est grand... il y a une cour pour se promener et quelques prisonniers à qui on peut dire bonjour et bonsoir.

SAINT-MARS.

Vous ne parlerez à personne.

MAURICE.

Heureusement je ne suis pas bavard de mon naturel... je me mettrai aux fenêtres pour prendre l'air, et regarder la pleine mer...

SAINT-MARS.

Le prisonnier que vous servirez sera changé de chambre : celle qui lui est destinée n'est éclairée que par une fenêtre à vingt pieds du sol...

MAURICE.

J'entends : c'est un cachot... allons, dépêchons-nous de conclure, car vous m'en diriez tant, que je reprendrais mes filets et ma misère. C'est dit, je suis à vous, et vous répondez de mon pain.

SAINT-MARS.

Suivez-moi.

<hr>

SCÈNE VIII.

LES MÊMES, L'OFFICIER, LES GARDES.

SAINT-MARS, à l'officier.

Eh bien ?

L'OFFICIER.

Nous n'avons rien vu.

MAURICE.

Vous avez mal cherché.

SAINT-MARS.

Que dites-vous ?

MAURICE.

Ce n'est pas à la pointe sud-est, mais au nord de l'île qu'il fallait aller : douze ou quinze hommes y sont débarqués, et se sont cachés dans une caverne formée par le rocher.

SAINT-MARS.

Comment savez-vous ?...

MAURICE.

Je les ai vus hier soir, je les ai entendus parler d'une voix basse et animée... leur dessein est de pénétrer dans le fort par surprise et de délivrer le prisonnier... (bas.) qu'ils nomment le duc de Monmouth...

SAINT-MARS.

Conduisez mes soldats.

MAURICE.

Sur-le-champ.

SAINT-MARS.

On s'emparera d'eux.

MAURICE.

Et ils pénétreront dans le fort, mais autrement qu'ils ne l'entendaient.

SAINT-MARS.

Accompagnez cet homme... attendez, j'irai avec vous. (Maurice se place au milieu des gardes.) Toujours des craintes ! toujours des complots ! fatale ambition, tu m'as attaché à l'autre bout de la chaîne de mon prisonnier !... la garnison est faible... il n'a que trop raison... mais monsieur de Louvois visite les côtes de la Provence : je vais le faire prévenir de m'envoyer un renfort. Allons, partons.

(Ils sortent.)

<hr>

SCÈNE IX.

Une chambre de la prison. Au fond, une porte d'entrée donnant sur les corridors ; à droite, porte donnant dans une autre chambre : tables garnies, une à droite et l'autre à gauche, une lampe sur chaque. Demi-nuit au changement à vue.

LE BARON D'OSTANGES, MARIE, sortant de la chambre à droite.

D'OSTANGES.

Ma chère Marie, je crains toujours la visite du gouverneur : il faut te retirer.

MARIE.

Je ne le pourrais sans danger. Julien, ce gardien qui m'a fait entrer secrètement peudant l'absence de M. de Saint-Mars, doit venir me chercher à la première occasion.

D'OSTANGES.

J'espérais à peine te voir; nous sommes gardés si étroitement : il faut que l'on ait enfermé ici quelque personnage important... Maudit soit le jour où je me suis battu avec ce noble si fier, pour l'honneur de ma maison !

MARIE.

Un peu de courage.

D'OSTANGES.

Déjà un mois !... c'est bien long ; il y a de quoi user la patience d'un homme. Ces deux chambres ne donnent que sur des murs noircis : ce serait trop de bien pour un prisonnier de voir un beau ciel et la campagne. Ma bonne Marie, tu pensais toujours à ton vieux père ?

MARIE.

Je pensais à obtenir votre grace ; on me l'a fait espérer.

D'OSTANGES.

M. de Louvois la refusera.

MARIE.

Pas à un ordre du roi.

D'OSTANGES.

Comment ?

MARIE.

Quelques jours après qu'on vous eut arrêté, je quittai la retraite où nous vivions ensemble depuis... ne parlons pas de cela ; il y a trois semaines environ, qu'à la nuit tombante on frappa à la porte de la petite maison que j'habite sur la côte. Le temps était affreux : un homme qui s'était égaré me demanda l'hospitalité ; le lendemain il m'offrit de l'or : prenez, me dit-il, je suis riche...

D'OSTANGES.

La fille du baron d'Ostanges a refusé !...

MARIE.

J'ai accepté la grace de mon père, qu'il m'a promis de demander au roi.

D'OSTANGES.

Quel était cet homme ?

MARIE.

Un grand seigneur, sans doute ; il m'a dit qu'il allait rejoindre l'armée.

D'OSTANGES.

Bonne Marie !... si autrefois ton père a fait couler tes larmes, lui pardonnes-tu maintenant ?

MARIE.

Maintenant vous êtes mon seul amour sur la terre.

D'OSTANGES.

Cette grace, l'attends-tu bientôt ?

MARIE.

De jour en jour.

D'OSTANGES.

N'entends-tu pas marcher dans le corridor ?

MARIE.

Oui ; c'est sans doute Julien... il vient me chercher.

D'OSTANGES.

Non ; j'ai l'oreille exercée... je reconnais les pas de mes geôliers. C'est M. de Saint-Mars.

MARIE.

O ciel !... s'il me trouvait... où me cacher ?...

D'OSTANGES.

Ici, dans cette chambre. (Il ouvre la porte et la referme sur Marie.) Silence !...

(Il vient s'asseoir à la table.)

SCÈNE X.

SAINT-MARS, D'OSTANGES, L'OFFICIER, DEUX GEÔLIERS dans le fond.

SAINT-MARS.

Baron d'Ostanges !...

D'OSTANGES, se levant.

Monsieur le gouverneur ?...

SAINT-MARS.

Vous allez quitter cette chambre.

D'OSTANGES.

Moi !... ma grace est-elle arrivée ?

SAINT-MARS.

Votre grace ! (Aux geôliers.) Emmenez cet homme.

D'OSTANGES.

Où me conduit-on ?

SAINT-MARS.

Dans une autre partie de la prison.

D'OSTANGES, à part.

Ciel ! et Marie ! (Haut.) Je demande qu'on me laisse ici...

SAINT-MARS.

Non : mon devoir...

D'OSTANGES.

De geôlier : mais d'ancien ami...

SAINT-MARS.

Par les fenêtres de votre nouvelle chambre, vous pourrez voir la campagne.

D'OSTANGES.

Et je cède la place à quelque autre infortuné ?...

SAINT-MARS.

Ces deux chambres resteront vacantes.

D'OSTANGES, à part.

Julien la fera sortir. (Aux geôliers.) Je vous suis.

(Il sort.)

SCÈNE XI.

SAINT-MARS reste seul avec l'officier; après un moment de silence :

Ont-ils passé le corridor ?

L'OFFICIER.

Oui, monsieur le gouverneur.

SAINT-MARS.

Appelez.

L'OFFICIER.

Marchiali !

SAINT-MARS.

Entrez, Marchiali. (Marchiali entre le visage couvert d'un masque.) (A l'officier.) Sortez.

SCÈNE XII.

SAINT-MARS, MARCHIALI.

(Marchiali va s'asseoir sur une chaise à droite, Saint-Mars se tient debout et découvert.)

SAINT-MARS.

Prince, on a jugé convenable de vous faire habiter cette chambre. J'aurai soin que l'on y transporte tout ce qui vous est nécessaire, et même ce que l'on refuse aux autres prisonniers. Du reste, rien n'est changé ; mes instructions sont toujours les mêmes : la mort pour celui à qui vous vous découvririez. Avez-vous quelques ordres à me donner ? (Marchiali lui fait signe de la tête de sortir.) (A part.) Le courage de cet homme m'étonne moi-même... jamais une plainte !

(Il sort.)

SCÈNE XIII.

MARCHIALI, seul.

(Il se lève et examine la chambre, puis il revient et s'assied.)

Depuis dix ans !... ô mon Dieu !... les bourreaux !... Je voulais me briser le front contre l'airain de ce masque : un reste d'espoir m'a retenu. Mon sang se dessèche et brûle dans ma tête comprimée... Mon Dieu, par pitié, une heure de sommeil... un rêve, un rêve qui me rende pour une heure le ciel et la liberté !

(Il se lève et traverse le théâtre.)

SCÈNE XIV.

MARCHIALI, MARIE.

MARIE, entr'ouvrant la porte.

Je n'entends plus de bruit... ils sont partis... (Elle s'approche de Marchiali.) Mon père... (Marchiali se retourne.) Ah !... (Elle recule épouvantée.)

MARCHIALI.

Une femme ici !... Comment y est-elle entrée ?... O Dieu ! Marie ! Non, cela ne se peut ; je m'abuse ; ma tête exaltée... Voyons, du calme... du calme... Oui, c'est elle, la voilà telle que je l'ai vue... Ce n'est pas un rêve.

MARIE.

Qui êtes-vous ? qui êtes-vous ?... au nom du ciel !

MARCHIALI, à part.

Elle ne le sait pas. (Haut.) Retenez vos cris.

MARIE.

Quelle voix ?... Étrange illusion ! Ah ! parlez, qui êtes-vous ?

MARCHIALI.

Qui je suis ?... Ah ! si je vous le disais !...

La mort, la mort, entendez-vous... Je ne dois être pour vous que l'homme au masque de fer !

MARIE.

Infortuné !

MARCHIALI.

Comment avez-vous pénétré jusqu'ici ? N'êtes-vous pas entrée dans l'espoir d'y rencontrer quelqu'un ?

MARIE.

Oui.

MARCHIALI.

Et qui donc ?

MARIE.

Mon père.

MARCHIALI.

Votre père !... ah !... (Il fait un mouvement.)

MARIE.

Vous avez aussi un père, des amis... une femme, peut-être... (Marchiali secoue la tête.) Et ils ignorent votre destinée ?...

MARCHIALI.

Oui.

MARIE.

Et jamais ils ne la connaîtront ?

MARCHIALI.

Jamais.

MARIE.

Oh ! que je vous plains ! Mais ne vous désolez pas... souvent l'attachement survit à l'absence : je le sais, moi. Ceux que vous aimez pleurent, peut-être loin de vous... leurs cœurs vous sont restés fidèles.

MARCHIALI.

Elle m'aimerait encore !... ô Dieu !

MARIE.

Pauvre prisonnier !... j'entends que vous pleurez, mais je ne le vois pas...

MARCHIALI, à part.

Être si près d'elle et ne pouvoir me découvrir... Ah ! cette entrevue sera un secret entre le ciel et moi... (Haut.) J'ignore comment vous êtes entrée, mais séparons-nous... Partez, partez vite.

MARIE.

Il faut attendre.

MARCHIALI.

Non, fuyez, fuyez, Marie.

MARIE.

Vous savez mon nom !

MARCHIALI.

Qu'ai-je dit ?

MARIE.

Quel soupçon ? Non... ce n'est pas possible... Pourtant cette voix, ces sanglots étouffés... Ah ! je crois reconnaître... Dites-moi, est-ce vous, Gaston ? Oh ! non, non, n'est-ce pas ? si malheureux, si souffrant, je ne le voudrais pas... Ah ! vous n'êtes pas Gaston... Dites-moi que ce n'est pas vous ?

MARCHIALI.

Marie !

MARIE, *se jetant dans ses bras.*

Ah! c'est lui! c'est lui!

MARCHIALI.

Chère Marie!... tu frémis : tes larmes n'arrosent qu'un visage de fer; mais sens battre mon cœur... il est toujours le même... Ah! tu es la première à qui j'ose le dire, mais depuis dix ans je souffre horriblement !

MARIE.

Était-ce donc ainsi, était-ce dans ce lieu que je devais te retrouver! Hélas ! j'ignorais ton sort... quand on me parlait du masque de fer, j'écoutais tranquillement; oui, moi, Gaston, je ne m'indignais pas... je ne pleurais pas... je pensais à un criminel... et c'était toi qu'ils avaient couvert de ce masque affreux !... Oh! que ne puis-je l'arracher !... Que je voudrais revoir tes traits, et les contempler une fois encore !... Comme ils doivent être flétris par tes souffrances sans relâche !... Tu n'as point de sommeil, n'est-ce pas?... jamais de calme ; l'ennui dévore ton cœur, le désespoir fatigue ta pauvre tête, et tu ne peux pas pleurer... Oh! que je voudrais voir tes larmes couler sur mon sein, poser ton front brûlant sur mes mains, et le rafraîchir de mon souffle !... Oh! ma vie tout entière pour un seul embrassement !...

MARCHIALI.

Jamais... jamais...

MARIE.

Les cruels !... quel supplice !...

MARCHIALI.

Sur ta vie, garde-toi de dévoiler ce funeste secret !... Je te l'ai dit, la mort...

MARIE.

Ah! Gaston !... pourquoi ne puis-je demander à partager ton sort ?... Seule avec toi je serais heureuse... tu le serais peut-être... mais mon père !... et puis, M. de Saint-Mars ne le voudrait pas... Je ne rentrerai ici que pour apporter la grace de mon père.

MARCHIALI.

Malheureux !... ne plus te voir... Ah! de tous mes souvenirs, le tien m'était le plus cher, le cœur de Marie valait plus qu'une couronne.

MARIE.

Écoutez : on s'approche ; la fuite est impossible...

MARCHIALI.

Ne crains rien, Marie; si c'est le gouverneur, il n'arrivera pas jusqu'à toi.

SCÈNE XV.

MAURICE, MARCHIALI, MARIE.

MAURICE.

Est-elle encore ici ?... La voilà...

MARIE.

Monsieur d'Aubigné !

GASTON.

C'est vous !

MAURICE.

On vous a changé de chambre, elle vous a reconnu ; voilà ce que je voulais prévenir... (A Marie.) Julien vous attend, il faut partir... vous n'avez que deux minutes.

GASTON.

Fuyez, Marie, adieu.

MARIE.

Pour toujours, peut-être. (Ils s'embrassent.)

MAURICE.

Un instant de retard, vous êtes perdue.

(Elle sort.)

SCÈNE XVI.

MAURICE, MARCHIALI, *tenant la porte du fond entr'ouverte.*

MARCHIALI.

Écoutez !

MAURICE.

Elle descend l'escalier... le guichet s'ouvre... il se referme... elle est sauvée. A présent, à nos affaires.

MARCHIALI.

C'est donc vous, d'Aubigné, que j'avais cru reconnaître ?

MAURICE.

Je suis dans l'île depuis un mois.

MARCHIALI.

Une assiette d'argent...

MAURICE.

A été remise par moi au gouverneur.

MARCHIALI.

Par vous !...

MAURICE.

Pour s'assurer de mon silence, il m'a fait entrer dans le fort : sous le nom de Maurice, je prends auprès de vous la place de votre domestique.

MARCHIALI.

D'Aubigné, par pitié, arrachez-moi un instant ce masque... il m'étouffe !

MAURICE.

Deux hommes connaissent seuls le secret de ses ressorts, Saint-Mars et M. de Louvois. Écoutez-moi, avant la fin du jour vous pouvez être roi.

MARCHIALI.

Libre !...

MAURICE.

Et roi. Depuis notre séparation, les persécutions contre les protestants se sont ralenties, mais non pas ma haine; j'ai repris mon rang, et j'ai reparu à la cour.

MARCHIALI.

Y parle-t-on de l'homme au masque de fer?

MAURICE.

Des bruits vagues... des mensonges; la vé-

rité sera un coup de foudre ; la France est
lasse du joug de Louis...

MARCHIALI.

Opprime-t-il son peuple ?

MAURICE.

Jugez de lui par votre sort... Le moment est
arrivé... j'ai quitté secrètement l'armée... Cette
nuit, dans quelques heures, je vous enlève.

MARCHIALI.

Dans quelques heures !

MAURICE.

J'ai fait venir dans l'île une douzaine de
protestants, gens dévoués, je les ai dénoncés
au gouverneur... ils sont tous enfermés dans
cette prison : la garnison est faible, on peut la
désarmer ; une barque de pêcheur nous trans-
portera sur la côte, et dans huit jours vous
proclamerez vos droits à la face du monde.

MARCHIALI.

Mes droits ! voudra-t-on y croire ? la seule
preuve que j'avais...

MAURICE, tirant une lettre de sa poche.

La voici.

MARCHIALI.

La lettre de ma mère !

MAURICE.

Je l'ai gardée... elle vous servira.

MARCHIALI.

Aurai-je encore assez de force ?

MAURICE.

Vous la retrouverez quand l'air de la liberté
vous frappera au visage. Eh ! que sait-on ? le
ciel est pour nous, Louis est à la guerre, et
n'est pas invulnérable.

MARCHIALI.

Le sort en est jeté, je ne risque que ma vie,
et quelle vie !

MAURICE.

Je puis compter sur vous ?

MARCHIALI.

Oui.

MAURICE.

Le gouverneur !

MARCHIALI.

Toujours cet homme ! (Il rentre.)

SCÈNE XVII.

MAURICE, SAINT-MARS.

MAURICE.

Me voici en fonctions, monsieur le gouverneur.

SAINT-MARS.

Avez-vous parlé à votre nouveau maître ?

MAURICE.

Peine perdue... il ne veut pas répondre :
pour un personnage de si haute naissance,
votre duc de Monmouth est un peu sauvage.

SAINT-MARS.

Annoncez-lui la visite de M. de Louvois.

MAURICE, à part.

M. de Louvois ! (Haut.) Est-ce qu'on vous le
donne aussi à garder celui-là ?

SAINT-MARS.

Il débarque en ce moment au pied du château avec trente soldats que je l'ai prié de dé-
tacher de sa garde. Il monte l'escalier.

MAURICE, à part.

Trente soldats ! la lutte est trop inégale.
Trente soldats !... ma foi, le tout pour le tout,
ma tête ou la victoire.

SAINT-MARS.

Entrez, monseigneur.

SCÈNE XVIII.

MAURICE, au fond ; LOUVOIS, SAINT-MARS.

LOUVOIS.

Gouverneur, je vous amène les trente hommes que vous m'avez demandés, vous pouvez
compter sur eux : je les ai fait mettre sous les
armes... C'est ici la chambre du prisonnier ?

SAINT-MARS.

Oui, monseigneur.

LOUVOIS.

J'espère, monsieur, que vous l'avez toujours traité avec les égards qui lui sont dus,
sans manquer pourtant à une surveillance dont
vous répondez sur votre tête. (Voyant Maurice.)
Quel est cet homme ?

SAINT-MARS.

Le domestique que j'ai mis près de lui... il
m'est dévoué...

LOUVOIS.

Connaît-il le prisonnier ?

MAURICE.

Oui, monseigneur.

LOUVOIS.

Comment ?

MAURICE, bas à Louvois.

C'est le duc de Monmouth.

LOUVOIS.

Fort bien. Gouverneur, j'attends des dépêches importantes ; lorsque le courrier arrivera,
apportez-les-moi sur-le-champ.

SAINT-MARS, à part.

Quel ton impérieux ! (haut.) Maurice, vous
vous chargerez de cette commission.

MAURICE.

Oui. (A part.) Rien n'est perdu.

(Il sort.)

LOUVOIS.

Introduisez le prisonnier.

SAINT-MARS, appelant.

Marchiali !

LOUVOIS.

Laissez-nous seuls, monsieur.

(Saint-Mars sort.)

SCÈNE XIX.
LOUVOIS, MARCHIALI.

MARCHIALI.

Qui êtes-vous?

LOUVOIS, se découvrant.

Le marquis de Louvois, ministre de sa Majesté.

MARCHIALI.

De mon frère! venez-vous de sa part?

(Il s'assied.)

LOUVOIS.

Oui, prince, pour changer votre sort.

(Il s'approche pour lui ôter son masque.)

MARCHIALI.

Inutile... mes doigts s'y sont usés... un art infernal l'a attaché sur moi... (Louvois détache le masque et le pose sur la table.) Dieu!... ah! je respire!... (Il reste quelque temps comme ébloui, il porte ensuite les mains à son visage, puis apercevant le masque sur la table.) Voyez, monsieur, voyez, mes larmes l'ont rouillé... (Il se lève.) Oh! de l'air!... de l'air! (Il parcourt la chambre.) Pas une fenêtre...

LOUVOIS.

Prince, le roi, votre frère...

GASTON.

Ne me parlez pas de lui... ne me parlez pas encore... je ne puis vous entendre... je ne vois rien... je n'entends rien... ah! tant d'émotions à-la-fois!

(Il retombe sur une chaise.)

LOUVOIS, à part.

Après dix ans d'une telle captivité, il consentira...

GASTON.

Mon frère Louis, disiez-vous... a-t-il inventé pour moi de nouveaux tourments?... que me voulez-vous?

LOUVOIS.

En partant pour l'armée, sa Majesté m'a remis les pouvoirs les plus étendus : prince, vous êtes libre, si vous voulez...

GASTON.

Libre!... mon frère a-t-il donc enfin des remords? est-il près de rendre compte à Dieu de son règne?

LOUVOIS.

Espérons que sa Majesté, victorieuse de ses ennemis, vivra encore long-temps pour le bonheur de ses sujets. Mais elle est touchée de compassion...

GASTON.

Libre! avez-vous dit?

LOUVOIS.

Vous quitterez la France sous un nom étranger, après avoir signé devant moi une renonciation formelle à tous vos droits... il le faut pour prévenir tous sujets de trouble; déjà même quelques tentatives paraissent avoir été formées...

GASTON.

Ah! vous avez peur, voilà le secret de cette généreuse pitié... Renoncer aux droits de ma naissance, sortir du royaume, inconnu, fugitif, seul!...

LOUVOIS.

Le trésor de l'état vous sera ouvert.

GASTON.

On me donne de l'or, et moi je donne une couronne.

LOUVOIS, lui présentant un papier.

Prince, signez.

GASTON, allant à la table de droite.

Il n'y manque que mon nom... ma liberté à ce prix...

(Il s'assied.)

LOUVOIS.

Signez...

GASTON, se levant.

Jamais... non, jamais.

LOUVOIS.

C'est la volonté du roi.

GASTON.

Sa volonté, monsieur!... c'est sa volonté que je souffre, que je sois sa victime... mais c'est la volonté de Dieu que je meure roi de France... Jamais je ne signerai.

LOUVOIS.

Prince!...

GASTON.

Retournez dire à mon frère Louis que je ne signerai pas.

LOUVOIS.

Prince, qu'espérez-vous?

GASTON.

Je n'espère rien, monsieur, mais je ne signerai pas.

LOUVOIS.

Votre captivité doit être éternelle.

GASTON.

Je mets au défi mes bourreaux... renoncer lâchement à mes droits!... non... non... il faut plus de dix années de tourments pour lasser mon courage... il me reste encore assez de force pour souffrir long-temps... Que mon frère Louis meure sur le trône et moi dans un cachot, je mourrai roi de France!... C'est aussi ma volonté à moi...

SCÈNE XX.
SAINT-MARS, LOUVOIS, GASTON.

LOUVOIS.

Que voulez-vous?

SAINT-MARS.

Monseigneur!... pardonnez mon effroi... mais cette nouvelle, si elle est vraie!... Le roi...

LOUVOIS.

Eh bien! le roi...

SAINT-MARS, *voyant Gaston.*

Ah! (Il s'approche de Louvois.) Le roi tué à l'armée...

LOUVOIS, *bas.*

Tué!... qui vous l'a dit?

SAINT-MARS.

Ou blessé mortellement, la nouvelle s'est répandue dans la prison.

LOUVOIS.

Le courrier est-il arrivé?

SCÈNE XXI.

SAINT-MARS, LOUVOIS, MAURICE, *des dépêches à la main;* GASTON.

MAURICE.

J'entre sans permission... mais toutes les portes sont ouvertes... Quelle nouvelle!... grand Dieu!...

LOUVOIS, *prenant les dépêches.*

Donnez... Faites rentrer Marchiali.

MAURICE, *d'un ton brusque.*

Rentrez... (bas.) c'est la dernière fois que vous obéissez...

(Gaston rentre dans la chambre à droite.)

LOUVOIS, *lisant.*

« Monseigneur, M. le maréchal de la Feuil- « lade me charge de vous écrire : l'armée est « dans la consternation : aujourd'hui, à quatre « heures, le roi conduisant sa maison militaire « à l'attaque d'un retranchement, a été tué « d'un boulet de canon. Avisez aux moyens à « prendre pour la tranquillité du royaume.

« Au camp de Turnheim, le 17 août 1669.

« Pour le maréchal, signé D'AUBIGNÉ. »

SAINT-MARS.

D'Aubigné, un seigneur de la cour... C'est donc vrai... Quel coup de foudre!...

LOUVOIS.

O mon maître... Lisez!

SAINT-MARS, *lisant.*

« Tué d'un boulet de canon... 17 août... »

LOUVOIS, *lisant.*

« Avisez aux moyens à prendre pour la tranquillité du royaume... »

SAINT-MARS.

Qu'on fasse rentrer les prisonniers.

MAURICE.

Impossible... ils savent la nouvelle... les voilà qui se révoltent...

SAINT-MARS.

Veillez sur Marchiali.

LOUVOIS.

Quel événement!... Ah! Saint-Mars... que faire?... quel parti prendre?...

MAURICE, *ouvrant la porte de la chambre où est Gaston.*

Que faire, messieurs?... Le roi est mort; vive le roi!

SAINT-MARS.

Malheureux, qu'as-tu dit?

SCÈNE XXII.

LES MÊMES, GASTON.

GASTON.

Qu'entends-je? le roi est mort?

MAURICE.

Tué à l'armée le 17 août.

GASTON, *à Louvois.*

Je n'ai pas signé, monsieur; je suis roi de France.

LOUVOIS.

Vous ne l'êtes pas.

GASTON.

Ma naissance!

LOUVOIS.

Pas de preuves.

GASTON.

Cette lettre de ma mère!

LOUVOIS.

Mais le dauphin...

GASTON.

Est mineur et ses droits sont nuls quand je reprends les miens.

LOUVOIS.

Impossible... Saint-Mars, appelez donc les soldats.

SAINT-MARS, *allant au fond.*

A moi! fermez les chemins.

L'OFFICIER, *entrant avec quelques soldats.*

Les soldats n'obéissent plus au nom du roi. Les prisonniers ont des armes, nous ne sommes pas les plus forts.

MAURICE, *à Gaston.*

Vous pouvez sortir, en dehors le tumulte est au comble, sortez.

GASTON.

Restez, ou suivez-moi. Saint-Mars, je vous pardonne; Louvois, vous serez mon ministre.

SAINT-MARS, *à Louvois.*

Soyons les premiers à le proclamer.

SCÈNE XXIII.

LOUVOIS, SAINT-MARS, MARIE, GASTON, MAURICE, L'OFFICIER, SOLDATS *au fond.*

MARIE.

Ah! monsieur de Saint-Mars, la grace de mon père, signée du roi!

MAURICE.

Du roi! (Des prisonniers et des soldats sont entrés et occupent le fond de la scène.)

LOUVOIS.

Donnez.

SAINT-MARS.

Quelle date?

MARIE.

GASTON.

Marie!

LOUVOIS, lisant.

Le 19 août.

SAINT-MARS.

Le 19 !

GASTON.

Dieu !

LOUVOIS.

Soldats, votre roi est vivant. (Montrant Maurice.) Arrêtez ce traître.

GASTON, aux soldats.

N'avancez pas.

LOUVOIS.

Obéissez.

GASTON.

S'ils approchent de lui, je me nomme.

LOUVOIS.

Que dites-vous ?

GASTON, l'amenant sur le devant de la scène.

Monsieur de Louvois, je ne puis plus être roi, mais je conserve un moyen de troubler la paix du royaume : je n'ai qu'à dire un seul mot ; ils sont quarante qui m'écoutent ; ferez-vous tomber quarante têtes pour assurer votre secret ? Faites ouvrir les rangs de vos soldats, à ce prix je tairai le crime d'un frère et le supplice de l'autre.

LOUVOIS, à part.

Un danger grave d'un côté, de l'autre un homme obscur... (Haut.) Qu'il parte !

MAURICE, à Gaston.

Adieu.

GASTON.

Nous sommes quittes maintenant... (Maurice sort.) Messieurs, je vous rends les lettres de ma mère. Remettez-moi ce masque, si vous voulez.

(Saint-Mars va prendre le masque.)

MARIE.

Grace ! grace ! (Elle se jette à genoux entre Saint-Mars et Gaston.)

GASTON, regardant d'abord Louvois et ensuite Saint-Mars.

Femme, laissez-moi, je ne vous connais pas.

ACTE CINQUIÈME.

(1680.)

L'appartement du gouverneur de la Bastille. Au fond, de grandes croisées donnant sur une terrasse ; à gauche, au fond, porte donnant également sur la terrasse ; à droite, sur le dernier plan, une autre porte ; au fond, la cour de la Bastille.

SCÈNE I.

SAINT-MARS, LE CHAPELAIN, LE MÉDECIN.

SAINT-MARS, assis devant une table garnie.

Monsieur le chapelain, lui avez-vous administré les secours de la religion ?

LE CHAPELAIN.

Il ne les a pas désirés, et il me semble beaucoup moins souffrant que vous ne me l'aviez fait craindre.

LE MÉDECIN.

En effet, malgré la longue défaillance qui lui est survenue avant-hier, le prisonnier est plus malade d'esprit que de corps.

SAINT-MARS.

Cet homme ne peut pas mourir.

LE CHAPELAIN.

Ah ! monsieur, ne hâtez pas par vos vœux l'instant qui doit le retirer de ce monde. Ce serait une coupable pensée, quoique son existence soit si misérable.

LE MÉDECIN.

Qui ne serait ému de pitié, en le voyant aux prises avec une destinée qu'il ne semble pas avoir méritée... Ce matin il a refusé mes soins et demandé ceux d'une sœur de la Misé-ricorde ; ne puis-je faire prévenir une de ces saintes femmes de se rendre à la Bastille ?

SAINT-MARS.

J'y consens... un mourant, peu importe.

LE CHAPELAIN.

Encore une prière, monsieur ; aujourd'hui, jour anniversaire de la naissance du roi, vos soldats se livrent à la joie. Le prisonnier entend leurs acclamations, veuillez le tirer de son cachot pour quelques instants ; un peu d'air et de liberté lui fera plus de bien que tous les secours de la science.

SAINT-MARS, à des soldats.

Qu'on fasse monter Marchiali.

LE CHAPELAIN.

Nous allons visiter d'autres infortunés ; si l'état de celui-ci devenait inquiétant, faites-nous prévenir sans retard.

(Ils sortent à gauche.)

SCÈNE II.

SAINT-MARS, seul.

J'ai eu tort de leur laisser voir mon impatience : la moitié de ma pensée m'a échappé : on m'a attaché à cet homme comme un vivant à un cadavre... Monsieur le comte de Saint-Mars, m'a dit le roi quand j'ai amené ici mon prisonnier, je vous promets le titre de duc et le gouvernement de Normandie dès que je n'aurai plus besoin de vos services à la Bastille... Alors le prisonnier était faible et malade comme aujourd'hui; alors je me disais: Il a peu de jours à vivre... et voilà dix ans que j'attends... attendrai-je long-temps encore? Oh! non... non... pas un jour de plus. Sergent Évrard!

SCÈNE III.

SAINT-MARS, ÉVRARD.

ÉVRARD.

Monseigneur...

SAINT-MARS.

Le bruit de sa maladie s'est répandu?

ÉVRARD.

La fin de cet homme ne surprendrait personne.

SAINT-MARS.

C'est ce qu'il faut; c'est un grand supplice, Évrard, qu'une existence comme la sienne.

ÉVRARD.

Il vaudrait mieux mourir.

SAINT-MARS.

Évrard, quand je sortirai de la Bastille, j'aurai du crédit à la cour, et je remplirai toutes mes promesses. Quand sortirons-nous de la Bastille?

ÉVRARD.

Mais... demain, peut-être.

SAINT-MARS.

Demain vous serez lieutenant.

ÉVRARD.

Demain vous serez duc.

SCÈNE IV.

LES MÊMES, MARCHIALI, conduit par un officier, et D'AUBIGNÉ, sous le nom d'URBAIN et sous le costume d'un garde de la Bastille. Ils entrent à droite.

L'OFFICIER.

Voici le prisonnier.

(Marchiali passe devant d'Aubigné, s'arrête un moment devant lui, puis vient s'asseoir. Il est masqué.)

SAINT-MARS.

Qu'on place un factionnaire sur la terrasse.

(L'officier place d'Aubigné en faction.)

SCÈNE V.

MARCHIALI, SAINT-MARS.

SAINT-MARS, détachant le masque.

Mon prince...

GASTON.

Je ne suis pas prince... votre prince est au Louvre, on l'appelle Louis XIV, et on crie: Vive le roi! Les avez-vous entendus?... Vous me parlez toujours debout et la tête décou-

verte; asseyez-vous, monsieur. Je vous vois toujours... Combien y a-t-il de temps que vous êtes en prison?... Moi, il y a vingt ans: et vous?

SAINT-MARS.

Vingt ans.

GASTON.

Que c'est long vingt ans à entendre sonner heure par heure! Nous sommes entrés ici ensemble... Nous y avons vieilli ensemble... Nous y mourrons ensemble.

SAINT-MARS.

Ah! j'espère en sortir.

GASTON.

Vous sortez quelquefois?... Dites-moi, le ciel est-il toujours beau? l'air toujours pur? Je suis sûr qu'un pauvre malade comme moi reviendrait à la vie, au milieu d'une campagne...

SAINT-MARS.

Vous avez désiré les soins d'une sœur de la Miséricorde, je vais la faire introduire.

(Il prend le masque et s'apprête à le remettre à Marchiali.)

GASTON.

Encore!

SAINT-MARS.

Ses traits flétris portent l'empreinte de ses souffrances... C'est un spectacle dont la sœur rendra témoignage.

(Il sort.)

SCÈNE VI.

GASTON, seul.

La tête d'un homme peut-elle contenir toutes ses pensées?... Quand on est libre, on les répand au-dehors; mais celui qui est seul, qui réfléchit tous les jours, toutes les nuits; celui qui amasse ses pensées comme un trésor, qui y revient sans cesse, et sans relâche... Oh! c'est une fièvre alors... Celui-là peut en devenir fou... Voilà ce qu'il faut craindre.

SCÈNE VII.

GASTON, D'AUBIGNÉ.

D'AUBIGNÉ.

Je n'ai qu'un instant pour lui parler. (Il se place devant Gaston.) Me reconnaissez-vous? (Gaston fait signe que non.) Vous n'avez pas du moins oublié mon nom? D'Aubigné! Quoi! jusqu'à mon nom? Ah! malheureux; un corps sans âme, voilà ce que je retrouve; hormis votre captivité, vous ne vous rappelez rien?... Marie.

GASTON.

Marie!... oh! je m'en souviens... Existe-t-elle encore?

D'AUBIGNÉ.

Oui.

GASTON.

Où est-elle?

D'AUBIGNÉ.

Dans un couvent.

GASTON.

Elle était bonne; elle m'aimait! Ce n'est pas comme cet homme dont vous me parlez.

D'AUBIGNÉ.

D'Aubigné!

GASTON.

Lui! il n'aimait que le fils de Louis XIII.

D'AUBIGNÉ.

Que dites-vous?

GASTON.

J'ai beaucoup réfléchi depuis ce temps : je crois qu'il voulait se servir de moi... Il m'a perdu.

D'AUBIGNÉ.

Lui vous perdre! et le voilà qui revient encore pour vous sauver!

GASTON.

Où est-il?

D'AUBIGNÉ.

Mais devant vous.

GASTON.

Vous, vieillard?

D'AUBIGNÉ.

Oui, moi, qui depuis votre naissance, ai les yeux sur vous; moi, qui vous ai suivi à Pignerol, aux îles Sainte-Marguerite, ici, enfin; poursuivant ma tâche, vieux par l'âge, jeune encore par l'audace, et prêt à vous disputer à vos bourreaux.

GASTON.

Ah! je vous reconnais maintenant.

D'AUBIGNÉ.

Depuis un mois j'attends l'occasion. Il était temps de la trouver : on veut vous tuer.

GASTON.

Non... oh! non...

D'AUBIGNÉ.

Votre fin prochaine est annoncée... Je soupçonnais le gouverneur, je l'ai épié, je sais tout : le lieu? ici; l'heure? ce soir. Prenez ce poignard; quand votre meurtrier viendra pour vous frapper, c'est nous qui le frapperons... Vous revêtirez ses armes. Cet escalier conduit à la porte du nord. Là, j'ai des amis tout prêts à nous recevoir. Je me suis ménagé des intelligences au-dehors; m'entendez-vous?

GASTON.

Oui.

D'AUBIGNÉ.

Je retourne à mon poste. Je veille sur vous, adieu... Mais cachez donc ce poignard.

(Il sort.)

SCÈNE VIII.

GASTON, MARIE, ÉVRARD, entrant à droite.

ÉVRARD.

Entrez, ma sœur.

MARIE, à part.

Le voilà!

ÉVRARD.

Comment vous nomme-t-on?

MARIE.

Sœur Marie.

ÉVRARD.

Vous signerez ce papier.

MARIE.

Que renferme-t-il?

ÉVRARD.

Voyez comme cet homme est malade; examinez bien comme il souffre.

MARIE.

Hélas!

ÉVRARD.

Vous attesterez que vous l'avez trouvé en danger de mort.

MARIE.

O monsieur!...

ÉVRARD.

Vous avez un quart d'heure pour l'entretenir.

(Il sort.)

SCÈNE IX.

GASTON, assis; MARIE.

MARIE.

Pauvre prisonnier, il est bien abattu. Regardez-moi!

GASTON.

Une femme! elle ressemble à Marie... Oui, je sentais que je devais la revoir... je pensais à elle, je l'attendais.

MARIE.

Que ses traits sont flétris!

GASTON.

Elle est pâle comme une ombre! J'ai des instants de délire, des moments où l'on me traite comme un enfant... Souvent j'ai cru vous voir... Approchez-vous, donnez-moi votre main; parlez encore, pour m'assurer que cette fois je ne me trompe pas.

MARIE.

Oui, je suis cette Marie que le monde a toujours séparée de vous, et qui n'ai jamais vécu que pour vous; un couvent m'a reçue; là, j'ai appris que les sœurs de la Miséricorde portaient des secours aux prisonniers; je suis entrée chez elles, on louait mon zèle, mes soins; on disait que je faisais entendre des paroles de consolation. J'ai été choisie souvent, souvent je suis venue à la Bastille. J'attendais que l'on me fît appeler pour l'homme au masque de fer... J'ai attendu neuf ans!

GASTON.

Femme dévouée! âme pleine d'amour! mes rares instants de bonheur, c'est à toi que je les dois tous! oh! merci... merci...

MARIE.

En arrivant, je craignais qu'il ne fût trop tard.

GASTON.

Oui, ils veulent m'ôter la vie.

MARIE.

O ciel ! que dis-tu ?

GASTON.

Ma vie ! il y a long-temps que le flambeau en est éteint ; ce n'est plus un vivant que tu vois : c'est un cadavre qui se meut dans un tombeau de fer... je n'ai que quarante ans, et mon front est chargé de rides... mon sang est glacé... Ce masque, autrefois il m'étouffait !... il me déchirait le visage... et maintenant mes joues creusées ne peuvent plus le remplir ! sous cette figure, toujours froide et immobile, ma figure s'est contractée par la souffrance... j'ai prié pendant de longues nuits, mais l'amertume amassée dans mon cœur s'échappait en malédictions ! (Se levant.) Oui, maudits soient ceux qui m'ont donné l'être !... maudits ceux qui m'ont mesuré l'agonie, maudit ce monde où la vie d'un homme ne peut trouver sa place !... Non, Dieu ne l'avait pas voulu ainsi... Malédiction !... malédiction !...

(Il tombe sur le fauteuil.)

MARIE.

Ses transports l'ont épuisé... ses yeux se ferment... Mon ami.

GASTON.

Marie, où es-tu ?...

MARIE.

O mon Dieu ! du secours ! quelqu'un ! du secours !

D'AUBIGNÉ, arrivant.

Qu'y a-t-il ?

MARIE.

Appelez le médecin... le prisonnier se meurt.

D'AUBIGNÉ.

Juste ciel !

(Il sort.)

MARIE.

Gaston !

GASTON, se relevant.

Je suis en liberté !... oui, je sens l'air dans mes cheveux... autour de mon front... oh ! n'y posez pas de couronne, voyez le masque... ils ont attaché le masque à cette couronne... Viens, Marie, cache-moi, fuyons... Oh ! mon nom, ma gloire, mon royaume pour un rayon de soleil.

(Il tombe sur un canapé devant la fenêtre.)

SCÈNE X.

LES MÊMES, LE MÉDECIN, D'AUBIGNÉ.

MARIE.

O monsieur, secourez-le !

LE MÉDECIN.

Donnons-lui de l'air, approchons-le de la fenêtre.

MARIE.

Conservez-vous quelque espoir ?

LE MÉDECIN.

Attendez.

D'AUBIGNÉ.

O Marie, je crains que nous ne nous retrouvions pour une terrible épreuve... Eh bien, monsieur ?

LE MÉDECIN.

Il ne mourra point cette fois.

MARIE.

Dieu soit béni !

LE MÉDECIN.

La vie n'est que suspendue par l'effet d'une secousse violente ; voyez cependant, il ne respire plus ; le pouls est arrêté !... tout autre qu'un homme de l'art croirait aux apparences de la mort : ce n'est qu'une profonde léthargie.

D'AUBIGNÉ, vivement.

Une léthargie, dites-vous ? combien de temps doit-elle durer ?

LE MÉDECIN.

Environ deux ou trois heures. Un semblable accident m'a effrayé avant-hier.

D'AUBIGNÉ.

Deux ou trois heures ! j'aurai le temps...

MARIE.

Que dites-vous ?

D'AUBIGNÉ, amenant le médecin sur le devant de la scène.

Que Dieu me protége !... tout le monde le croira mort, vous en êtes sûr ?

LE MÉDECIN.

Il n'y a personne qui ne s'y trompe.

D'AUBIGNÉ.

Et il se réveillera, vous en êtes sûr ?

LE MÉDECIN.

Oui.

D'AUBIGNÉ.

Monsieur, il faut que cet homme soit mort pour tout le monde, et qu'ensuite il se réveille.

LE MÉDECIN.

Qu'entends-je ?

D'AUBIGNÉ.

Vous annoncerez qu'il a cessé de vivre.

MARIE.

Que voulez-vous faire ?

D'AUBIGNÉ.

Le sauver.

LE MÉDECIN.

Annoncer la mort d'un homme vivant !

D'AUBIGNÉ.

Pour l'arracher à la mort.

LE MÉDECIN.

Moi ! le placer dans le cercueil !

D'AUBIGNÉ.

Aimez-vous mieux qu'un assassin l'y place ?

MARIE.

Un assassin !

D'AUBIGNÉ.

Oui, le convoi est déjà préparé. Ce soir tout serait vrai, la mort et les funérailles ; que tout soit faux. Écrivez le procès-verbal de sa mort. Je suis armé, vous ne l'êtes pas. Écrivez.

(Le médecin s'assied et écrit.)

MARIE.

Votre projet m'épouvante !

D'AUBIGNÉ.

Faible femme, voyez le danger où il est. Donnez, monsieur; fort bien, cela est en règle.

LE MÉDECIN.

Je tremble de ce que j'ai fait.

D'AUBIGNÉ.

C'est une bonne action; maintenant votre ministère est fini... qui me répondra de votre silence ?

LE MÉDECIN.

L'événement.

D'AUBIGNÉ.

Allez donc attendre le convoi devant la porte du nord; s'il arrive jusqu'au cimetière Saint-Paul, vous parlerez.

LE MÉDECIN.

Mais le gouverneur, le roi...

D'AUBIGNÉ.

Le roi ! je vous réponds de sa reconnaissance, allez.

(Le médecin sort à gauche.)

SCÈNE XI.

D'AUBIGNÉ, MARIE, GASTON, sur le canapé.

D'AUBIGNÉ.

Nous n'avons pas un moment à perdre. Il faut faire prévenir le gouverneur.

MARIE.

Jouer ainsi avec le tombeau ! si cette entreprise échouait ?

D'AUBIGNÉ.

Dieu seul est maître... mais toutes les chances sont pour nous. Allez.

MARIE, s'approchant de Gaston.

Oh ! dors profondément, et qu'aucun signe ne trahisse la vie aux yeux de tes bourreaux !

(Elle lui donne un baiser sur le front, et sort à droite.)

SCÈNE XII.

D'AUBIGNÉ, seul.

Froid... immobile... (Se découvrant.) C'est maintenant que je te salue roi de France : l'eau qu'on verse sur la dépouille de ceux qui ne sont plus servira d'huile sainte pour sacrer ton front, et je te donne pour manteau royal le linceul des morts.

SCÈNE XIII.

D'AUBIGNÉ, SAINT-MARS, MARIE, LE CHAPELAIN, EVRARD, GASTON sur le canapé, SOLDATS.

SAINT-MARS.

Est-il vrai ? le prisonnier...

MARIE.

A cessé de souffrir.

LE CHAPELAIN.

A-t-il expiré sans douleurs ?

MARIE.

Oui.

SAINT-MARS.

Qu'on emporte le corps dans la chambre voisine. (Les soldats emportent Gaston, et sortent par la droite.) Le médecin a-t-il dressé le procès-verbal.

D'AUBIGNÉ.

Le voici.

SAINT-MARS, lisant.

« Le 16 septembre 1680, jour anniversaire de la naissance de sa Majesté le roi, à huit heures du soir, est mort à la Bastille le nommé Marchiali. » — Je suis libre.

(Nuit jusqu'à la fin de l'acte.)

D'AUBIGNÉ, à part.

O geôlier ! l'hypocrisie t'avait aussi donné un masque, mais ta joie perce au travers.

SAINT-MARS.

Cette femme et ce soldat signeront comme témoins. (Ils signent; on entend les cloches.) C'est la cloche des funérailles.

LE CHAPELAIN, lisant.

Que Dieu ait pitié de son ame !

SAINT-MARS, lisant.

Sœur Marie... Urbain... c'est bien. — Monsieur le chapelain, veuillez vous rendre auprès de sa Majesté pour lui annoncer cet événement. Dites-lui, je vous prie, que tous ses ordres seront exécutés, et que je ne négligerai aucune mesure de prudence. (Le chapelain sort à gauche.) Évrard, voici les instructions que j'avais reçues en cas de mort. (Evrard sort à droite.) (A Marie.) Ma sœur, vous pouvez sortir. (A d'Aubigné.) Vous serez un des trois soldats qui escorteront le convoi au cimetière Saint-Paul. Il va se mettre en route. J'ai encore des ordres à donner. Attendez-moi.

(Il sort à droite.)

SCÈNE XIV.

MARIE, D'AUBIGNÉ.

D'AUBIGNÉ.

Prévenez mes amis... il est sauvé.

MARIE.

Je tremble... Oh ! que je voudrais que cette heure fatale fût passée !

D'AUBIGNÉ.

Il sera libre.

MARIE.

Nous irons à Semur ?

D'AUBIGNÉ.

Ou ailleurs.

MARIE.

Nous l'entourerons de soins.

D'AUBIGNÉ.

Et de serviteurs dévoués.

MARIE.

O Gaston ! tu peux encore goûter le bonheur.

D'AUBIGNÉ.

O Louis ! tu peux encore trembler sur ton trône. Qu'une voiture soit prête à deux cents pas de la porte du nord... Allez, je me charge du reste.

MARIE.

Je vole, et je reviens.

SCÈNE XV.

D'AUBIGNÉ, seul.

Ils veulent révoquer l'édit de Nantes... qu'ils l'osent... (A la fenêtre.) Le convoi descend dans la cour... Oh ! passe, image trompeuse... A présent, royale victime, tu vas commencer à vivre.

SCÈNE XVI.

SAINT-MARS, D'AUBIGNÉ.

SAINT-MARS.

Ce chant de mort est doux à mon oreille comme un chant de triomphe. (Montrant le masque.) Voilà, Dieu merci, tout ce qui me reste de lui ! Cette figure privée du corps qui la faisait mouvoir et vivre ! J'irai demander à Louis le prix de cette tête. (A d'Aubigné.) Vous êtes prêt ?

D'AUBIGNÉ.

Oui.

SAINT-MARS.

Encore quelques minutes. Les portes de la Bastille vont s'ouvrir.

SCÈNE XVII.

LES MÊMES, UN OFFICIER, entrant à droite.

L'OFFICIER.

Les ordres de sa Majesté sont exécutés, j'ai fait brûler dans la chambre du prisonnier tout ce qui lui avait appartenu.

D'AUBIGNÉ, il part au fond.

Ils avaient tout prévu.

SCÈNE XVIII.

LES MÊMES, ÉVRARD, entrant à droite.

ÉVRARD.

Monseigneur, d'après les instructions de sa Majesté que vous m'avez fait connaître et que j'ai dû suivre, le corps du prisonnier avant d'être placé dans le cercueil a été entièrement mutilé.

D'AUBIGNÉ, s'élançant sur le devant de la scène.

Mutilé ! mutilé ! qu'avez-vous fait ? vous l'avez tué !

SAINT-MARS.

Comment ?

D'AUBIGNÉ.

Vous l'avez tué ! sa mort était fausse, aveugles bourreaux ; savez-vous quelle est votre victime ?

SAINT-MARS.

Silence !

(Le convoi passe dans la cour.)

D'AUBIGNÉ.

C'était votre roi, et j'irai le crier sur son cercueil... C'était votre roi.

ÉVRARD.

Cet homme est insensé.

SAINT-MARS.

Qui êtes-vous ?

SCÈNE XIX.

LES MÊMES, MARIE, entrant à gauche.

MARIE.

Pourquoi ces cris ?

D'AUBIGNÉ.

Venez, femme, venez ; demandez-lui ce qu'il a fait de Gaston ; (montrant Saint-Mars.) voilà le régicide !

MARIE.

Ah !

D'AUBIGNÉ.

Mort, entendez-vous, mort assassiné... Ah ! pleurez, pleurez maintenant ; notre tâche est finie. (A Saint-Mars.) Je suis d'Aubigné.

SAINT-MARS.

Vous mourrez ici.

SCÈNE XX.

LES MÊMES, UN OFFICIER, entrant à gauche.

L'OFFICIER.

Monsieur de Saint-Mars, au nom du roi, rendez-moi votre épée et suivez-moi. Le médecin de la Bastille vous a dénoncé à sa Majesté... vous êtes accusé de l'avoir forcé à constater la mort d'un prisonnier encore vivant.

SAINT-MARS.

Moi !

D'AUBIGNÉ.

Le fait est vrai. Geôlier, voilà ta récompense... ma vie est à vous. Le roi est mort.

FIN DE L'HOMME AU MASQUE DE FER.

PARIS. — IMPRIMERIE NORMALE DE JULES DIDOT AÎNÉ,
n° 4, boulevart d'Enfer.

9 782329 079585